心理界限

余笙 著

中国纺织出版社有限公司

内 容 提 要

界限，本质上是人际交往中那份微妙的分寸感与尺度把握。无论人与人之间的关系多么亲密无间，都需要界限来维系其秩序与和谐。跨越他人的界限，是对他人空间的侵犯；而一味地退缩，牺牲自己的界限，则可能引发自我价值的迷失与关系的失衡。

在现实生活里，我们常常会忽视界限的存在，甚至对它感到陌生而疏离。然而，界限其实渗透在生活的每一个角落。在尊重与理解的基础上，保持那份适度的界限，正是生活的艺术与智慧所在。本书从多个维度——心理界限、情绪界限、职场界限，乃至成长界限，为我们细致入微地描绘了界限的轮廓，让我们在人际交往中游刃有余，既建立起稳固而美好的关系，又让这份关系得以健康、长久地延续。

图书在版编目（CIP）数据

心理界限 / 余笙著 . -- 北京：中国纺织出版社有限公司，2025.5. -- ISBN 978-7-5229-2544-8

Ⅰ. C912.11-49

中国国家版本馆CIP数据核字第20253KX170号

责任编辑：李 杨　　责任校对：高 涵　　责任印制：储志伟

中国纺织出版社有限公司出版发行

地址：北京市朝阳区百子湾东里A407号楼　　邮政编码：100124

销售电话：010—67004422　　传真：010—87155801

http://www.c-textilep.com

中国纺织出版社天猫旗舰店

官方微博 http://weibo.com/2119887771

天津千鹤文化传播有限公司印刷　　各地新华书店经销

2025年5月第1版第1次印刷

开本：880×1230　1/32　印张：7

字数：120千字　定价：49.80元

在人多拥挤的公共场所，经常会发生侵犯界限的事情；在私密的家庭关系中，也常常会发生侵犯界限的事情。前者是因为物理空间有限，导致人与人摩肩接踵，无法保持适度的安全距离；后者则是因为关系亲近，所以就会理所当然地试图干涉对方，使得心理界限变得越来越模糊。不管是从物理角度，还是从心理角度，又或者是从情绪情感角度来说，我们都要设立明确的界限，这是维护界限的前提，也是建立和发展人际关系的必要条件。

现实生活中，很多人特别看重他人的看法和评价，甚至在决定做某件事情之前不会求证自己内心的真实想法，而是先琢磨别人会如何想。每当与他人产生利益冲突的时候，我们明明有足够的理由捍卫和保护自己的权利，却又因为碍于面子、不好意思或者是其他原因而选择一味地忍让和退步。我们明知道自己遭受了不公平的对待，却因为害怕给他人留下不好的印象，或者失去一份得来不易的工作，就选择默默地承受和忍耐。

然而，我们的一退再退到底换来了什么？

界限并非天然存在的，而是在人类社会发展和进步的过程中渐渐形成的。一个人要想保护自己不被伤害，就要设立自己的界限；要想避免伤害到他人，就要知道他人的界限在哪里。任何时候，人与人相处都是需要界限的。界限分为有形的和无形的，有形的界限是看得见摸得着的，例如，池塘边竖立的"禁止靠近"的牌子；无形的界限却在人的心里，是需要每个人主动遵守和捍卫的，例如，做人要信守诺言，这就是一种无形的界限。有的人把承诺当儿戏，而有的人却能做到一诺千金，言必信行必果，这就是界限不同的表现。

缺乏界限感的人，常常会分不清自己的责任和他人的责任，也会把自己的情绪与他人的情绪混为一谈。反之，设立了清晰界限的人，在任何情况下都能保持清醒和理智，越是面对复杂的情况，越是能够凭着界限厘清顺序。在人际交往中，有界限感的人还能把握分寸，不会因为界限模糊而出现冒犯对方的情况。与此同时，当对方侵犯了自己的界限时，他们也会敏锐地觉察到，并且在第一时间就明确界限，维护界限。设立界限的人拥有安全感，在自己的界限范围内，他们会很放心地做事情，而无须担心他人侵犯。此外，他们也会在界限的引导下坚持做好自己该做的事情，有条不紊地按照顺序处理好每一件事情，这就形成了内在的秩序感，对于维持正常生活是大有裨益的。

　　除此之外，我们还要重视在家庭生活、职场关系和情感关系中的界限感。在家庭生活中，因为家庭成员之间关系亲密，所以更容易失去界限感。在职场关系中，同事之间的关系是很微妙的，既不同于陌生人，又不同于亲朋好友，时而还会掺杂着利益关系，所以要以分明的界限进行界定。在情感关系中，界限的把握则更加微妙传神。有些情侣恨不得每分每秒都在一起，但是对于大部分人而言，这样的零距离接触是很尴尬的，他们更愿意在亲近的同时保持各自的独立空间，这样才能做到张弛有度，既亲密又有边界感，反而更容易保持关系的和谐融洽。

　　总之，界限就像是一道厚重的城墙，既能够帮助维护我们的安全感，保证自主权，又能够帮助我们建立信心，以健康的方式与他人交往。无疑，设立界限是一项艰难的任务，我们必须下定决心，排除万难，才能在自己的生活中设立好各种界限，真正享受到界限带来的自由。

　　要想拥有自己说了算的人生，就从设立界限开始吧。有界限的人生能进能退，不疾不徐；有界限的人生不慌不忙，镇定从容；有界限的人生张弛有度，收放自如。有界限的人可以享受爱，也可以享受自由，是人生的王者！

编著者

2023 年 12 月

目录

第一章

什么是界限，如何设置心理界限

◀━━━━━━━━━━━━━━━▶

  在日常生活中，到处都是实实在在的界限，例如，家家户户门口挂着的门牌号，农村人家用来环绕院子的篱笆，公共场合里敬请止步的标牌等，这些都意味着界限。与物理界限不同，心理界限是抽象的，虽然看不见摸不着，却存在于每个人的内心世界。

界限是什么

对于界限，很多人的认知都停留在那些显而易见的界限上，如门牌、禁止进入的标识、花园的围栏、整齐的草坪等。这些界限意味着某人或者某物已经占领了界限内的领地空间，其他人非请勿入。与这些有形的界限相对的，是那些无形的界限。很多人都没有意识到无形界限的存在，然而，正是因为拥有了这些无形的界限，人们才能捍卫自己的权利，守护自我。

无形的界限存在于人的内心深处，是人自我意识和主体权利的体现。不管是否能意识到无形界限的存在，每个人实际上都拥有无形界限，哪怕面对自己最亲近的人，人们也不会毫无隔阂，这就是因为无形界限的存在。很多人都认为，父母与孩子之间的关系是最为亲密无间的，甚至有些父母还把孩子看成自己的私有物和附属品，因而失去了界限感，总是强制安排孩子的人生，强迫孩子对父母言听计从。随着不断成长，孩子的自我意识越来越强，为了捍卫自己的界限，他们就会与父母发生各种矛盾和争执，也会为了挣脱父母的束缚，重新建立与父母的界限，而与父母渐行渐远。

　　小方30岁，正值而立之年，事业有成，是公认的女强人。在同事们的心目中，小方精明干练，自信果敢，是现代成功女性的代表，也是部门里的定海神针。不管面对多么艰巨的工作任务或是多么棘手的情况，小方都能化繁为简，顺利地解决问题。然而，在私底下，小方却很不满意自己的现状，还常常说自己压抑得喘不过气来。这是为什么呢？

　　原来，尽管小方在职场上叱咤风云，个人生活却始终受到妈妈的严格管控。在小方很小的时候，妈妈就与爸爸离婚了，妈妈独自抚养小方长大。不可否认的是，作为单亲妈妈，妈妈的确很辛苦，但是与此同时，她却忽略了小方已经长大了，不再是那个凡事都要听命于她的小女孩儿了。小方渐渐意识到妈妈对自己的管控太过严格，这使她失去了私人空间，哪怕是在家里也如芒在背。例如，妈妈进入小方的卧室从不敲门，还总是数落小方太随意、邋遢。有的时候，小方需要加班，妈妈就会接二连三地打电话催促小方按时回家吃饭，这让小方极其为难。更过分的是，妈妈还要求小方上交薪水，美其名曰要为小方攒嫁妆。有一次，小方买了一件名牌衣服，被妈妈唠叨了好几天，只能把衣服带到单位，骗妈妈说把衣服退掉了。

即便如此，小方也没有明确意识到妈妈侵犯了她的"界限"，而是常常劝说自己妈妈单身一人抚养自己长大很不容易，也极力说服自己尽量不要惹妈妈生气。在这样的生活状态下，小方年近三十也没有谈男朋友，她简直无法想象妈妈会对她的婚姻大事怎样指手画脚。

在这个事例中，尽管小方在职场上取得了成就，但是对自己的生活却没有清晰的认知。她没有认识到妈妈以爱的名义入侵她的生活是不对的，也没有意识到自己是有理由反对妈妈这么做的。对小方而言，要想摆脱因为妈妈极度控制带来的烦恼，就要在物理和心理上明确自己的界限。只有以此为前提，小方才能更加明确地感知自己的情绪和感受，也才能以有效的方式避免继续过着压抑、委屈的生活。

需要注意的是，很多年轻人都和小方一样正在被父母的"爱"管控，他们为此苦恼，却不知道怎样做才能解决问题。相信在看了这个事例后，大家一定能够找到问题的症结所在，而不要把问题简单地归结为妈妈太爱管闲事、太唠叨。实际上，问题的根源恰恰在于我们自身，我们必须先意识到自己缺乏边界意识，继而才能确立边界，从而更加有分寸地与父母以及其他人相处。

即使亲如父母与孩子，也是需要界限的，而在其他类型的人际关系中，人与人之间不像父母与孩子的关系那么亲密无间，更是需要界限。总之，任何类型的人际关系要想获得长远的发展，都要明确界限。从某种意义上来说，人际交往就像是做游戏，要想让游戏井然有序地推进，那么人人就都要遵守规则。界限是人际交往的规则，也是所有参与人际关系的人都需要尊重和守护的。

"界限"既是一条分界线，也是一种无形的屏障，能够从物理和心理方面区分生命的主体。在自然界里，很多动物都有占领地的行为，它们一旦圈占了自己的领地，就不允许其他动物入侵。在人类社会中，这样的现象也很常见。只是，人类不但会圈占属于自己的领地，还会在心中设立界限，从而使自己与他人的交往保持在合理的限度内。需要注意的是，界限并非绝对不可逾越，也不应该是不近人情的。面对不同的人，我们应该灵活地调整界限，换言之，就是让界限具有弹性，也具有随机应变的特性，这样我们才能在界限的保护下更好地经营人际关系，享受生活的美好馈赠。

明确界限，打造健康关系

要想拥有健康的人际关系，就要形成界限意识，并在界限意识的指引下与人相处。现实生活中，很多人都不能灵活地处理好人际关系，他们或与他人关系过密，失去界限，既伤害了自己，也伤害了他人；或与他人关系过于疏远，总是对他人怀着警惕心理，导致自己和他人都精神紧绷，无法全身心投入这段关系中。只有拥有明确界限的人，才能自由地切换"亲密"和"独立"的状态，既能够保持自身的独立，又能够在亲密关系中找到归属感和安全感。与此同时，他们很清楚应该采取怎样的方式与他人相处，捋顺人际关系，使每个人都感到轻松惬意。

与此相反的是，那些界限模糊的人很难有分寸地与他人相处，他们或者人云亦云，盲目跟风，或者与他人针锋相对，总是故意唱反调。究其原因，是因为他们心中没有界限，缺少做人做事的分寸和准则，使得人际关系发展得一团糟。

　　大学毕业后，文文留在了读大学的城市打拼。她并非名校毕业，所以在找工作的过程中处处碰壁，好不容易进入一家公司，成了一名销售。但其实文文对于销售工作很陌生，之所以愿意尝试，是因为这家公司不但提供住宿，还提供一日三餐呢！

　　通过面试后，文文就带着行李搬进了宿舍。所谓宿舍，其实就是一间平房，里面已经住了三个女孩，很快，文文就和舍友们熟悉起来了。然而，才住了几天宿舍，文文就有了烦恼。原来，社会上的宿舍生活和大学校园里的宿舍生活完全不同。在大学里，大多数同学都忙着学习，不是在图书馆看书，就是在宿舍里埋头苦读。步入社会，很多人就把学习抛之脑后，只要下班了就彻底放飞自我，不是在用手机看各种视频，就是煲电话粥，还有舍友开直播呢！宿舍里的环境这么嘈杂，让原本想利用工作之余多读书多学习的文文苦不堪言。虽然和舍友们沟通过几次，但是收效甚微。等到文文再尝试劝说舍友们珍惜时间时，舍友们却拉着文文去吃烤串、喝啤酒、看电影、唱卡拉OK。文文想要拒绝，又怕舍友们认为自己不合群，只好默默地放下书本，加入舍友们的队伍。眼看着读书和学习无望，文文只好咬紧牙关跑业务，只想将来能够攒钱独自租一间房子，这样就有独立的空间学习了。

　　在这个事例中，文文的界限很模糊。一则，她想要坚持读书和学习，给自己充电，却又无法拒绝舍友们的邀请，更无法义正词严地要求舍友们营造安静的居住环境。在集体生活中，如果不能考虑到大多数人的需求，不分时间地喧哗吵闹，就形成了一种越界的行为。毫无疑问，和自由自在的独居生活相比，在集体生活的状态下，每个人都要摒弃以自我为中心的思想，更多地考虑到他人的需求，也要更多地照顾到他人的情绪和感受。此外，在舍友极力邀请文文一起去娱乐时，尽管文文发自内心地想要拒绝，却又抹不开面子，这样的模糊界限使舍友们认为文文接受了这些活动。正确的做法是以合理的方式拒绝，唯有如此才能避免再次发生类似的情况，也避免自己陷入被动之中。

在现实生活中，大多数无形的界限都不是天然存在的，而是在人际交往的过程中渐渐形成的。在集体生活中，很多人都急迫地想要获得他人的认可，也想要在最短的时间内融入集体，他们不惜为此放弃自己的原则和底线，结果渐渐地迷失了自我，失去了界限。从某种意义上来说，要想融入集体，更好地与他人相处，反而要坚持做自己，确立明确的界限。对于那些违背自己心意、侵犯自己利益的事情，我们要勇敢拒绝，学会说"不"。否则，一味地顺从他人只会导致相处模式变得越来越糟糕，关系自然也就不可能长久。

在人际交往过程中，我们要形成和强化界限意识，要形成清晰的自我"轮廓"。对于自身,我们要有客观公允的认知,不要受到他人的影响,就轻易改变对自己的认知。无论是在家庭生活中,还是在与朋友相处中,或者是在职场上,只有志同道合、彼此尊重和平等相待的人,才能在良好的相处模式下拉近关系,增进感情,让相处更加和谐融洽。

互相尊重，是建立界限的基础

要想建立界限，就一定要以互相尊重为前提。现实生活中，很多人之所以不能与他人友好相处，就是因为不能做到尊重对方，自然也就得不到对方的尊重。那么，怎样才能做到彼此尊重呢？那就是设立界限。无论在多么亲密的关系中，人与人之间相处都要建立清晰明确的界限。以夫妻关系为例，在婚姻关系中，有些事情是一方的事情，但是另一方偏偏要介入其中指手画脚，横加干涉，自然就会导致矛盾丛生，关系恶化。之所以出现这样的情况，是因为很多人都把夫妻视为共同体，而忽略了即使夫妻之间也是需要互相尊重、保持界限的。一旦侵犯了对方的界限，就可能会导致夫妻关系紧张，当很多事情不能达成共识或者出现分歧时，甚至还会出现各奔东西的局面。

从法律的角度来说，夫妻之间是有经济、利益和情感关系的，但是对于个人范畴的事情，任何一方都有权利自主决策，配偶可以给予参考意见，却不能强求对方必须采纳自己的意见。现行的婚姻法认为，要对婚姻有更深层次的认知，要意识到对结为合法夫妻的伴侣而言，并非每一件事物都是共有的，也并非所有事情都是需要共同面对的。好的婚姻是彼此成就，而不是彼此束缚和捆绑，这就意味着婚姻中的人要保持独立的人格，要能够选择与自己有关的事情，也能够自主做出决策和采取行动。

每天都有很多情侣领取结婚证，也有很多夫妻申请离婚。当调解员问起离婚的原因时，有些夫妻才意识到，彼此之间并没有严重的分歧和原则性的矛盾，而只是因为一些鸡毛蒜皮的小事闹得不可开交，甚至要分道扬镳。这些小事虽然不值一提，但是引发的结果却很严重。例如，丈夫想利用周末时间和朋友一起去踢球，妻子反对，认为丈夫应该陪伴家人；妻子想买一件新衣服，丈夫虽然同意，但是却要求妻子必须购买他喜欢的款式。这就是婚姻中典型的侵犯界限，踢球是丈夫的事情，买新衣服是妻子的事情。即使在婚姻中，诸如此类的小事也是无须夫妻双方共同参与的，所以明智的人会选择不干涉，或者尊重对方的想法。唯有夫妻双方达到一种平衡，互相尊重，婚姻才能长久。需要注意的是，不要打着好心的旗号随便干涉对方，否则会使对方感到厌烦，事与愿违。

在成年人的世界里，彼此尊重是最好的相处模式。既然都是成年人，那就意味着每个人都可以对自己的选择负责，也可以满足自身的各种需求。例如，天色阴沉，是否需要带伞；降温了，是否需要增加衣物；想和哪个朋友密切交往，而又要与哪个朋友保持适度的距离。人，都是追求自由的，享有的自由越多，人就会越自信，也会充满力量。既然如此，我们就要以尊重为前提，给予身边的人更多自由选择的机会，有的时候，放手也是很好的相处方式。

　　江月是一位家庭主妇，早在刚刚认识丈夫的时候，她就选择辞职在家，全心全意地做好一日三餐。原本，江月认为自己为家庭做出了很大的贡献，付出了十几年的光阴，是家里的大功臣。但是，生活的点点滴滴为她揭示了残酷的真相，使她认识到自己在婚姻生活中的不受重视。这让江月渐渐寒了心，她想要为自己争取地位，却不知道该怎么做。

　　这天，江月准备买一只鸡改善生活。不想，丈夫却反对道："一只鸡要一百多块钱，还不如猪肉便宜。"江月有些委屈，说道："我感冒了，喝鸡汤能提高抵抗力，况且，买菜做饭不是我负责的吗？"然而，丈夫火冒三丈："买菜做饭的确是你负责的，但是钱是我负责挣的。如果你觉得生活费有富余，那么从下个月起我每个月少给你几百。你知不知道，我独自上班赚钱养家有多难！"看到丈夫动了怒，要限制自己的经济，江月决定不再坚持。后来，江月对朋友说起这件事情，朋友建议江月去找工作，至少可以活得更充实、更有尊严。但江月很迟疑，她已经脱离社会十几年了，还能融入社会吗？

在这个事例中，作为家庭顶梁柱的丈夫并不尊重江月，甚至不允许江月买一只鸡改善生活，从丈夫的态度中，江月的家庭地位可见一斑。此外，丈夫也侵犯了江月的界限。虽然江月没有上班赚钱，但是她辛苦地操持家务，只是与丈夫分工不同而已，并不存在谁养着谁的问题。偏偏丈夫把自己当成是家中的救世主，认为自己在家里是不可或缺的，只想搞"一言堂"。面对这样的情况，江月要想坚守界限，就要先经济独立，从而为自己在家庭生活中赢得一席之地。

在婚姻生活中，夫妻俩不管做出怎样的决定，都是以家庭为单位进行的，都处于为了维持家庭生活而采取分工和合作的状态。和谐融洽的家庭生活必须以夫妻互相尊重为前提，否则彼此心中都会满怀怨言，愤愤不平，不可能心甘情愿地继续为家庭付出。

摒弃理所当然，才能建立界限

在亲密关系中，一则相处时要以尊重为前提，二则要摒弃理所当然的想法，不要认为对方理所当然赚钱养家，理所当然照顾自己，理所当然对自己言听计从。任何一方有了这样的想法，都会导致亲密关系失去平衡，难以维持。例如，父母不要理所当然地认为自己可以替孩子做主，妻子不要理所当然地认为丈夫要把赚到的所有钱都交给自己管理，孩子不要理所当然地认为父母就该对自己倾尽所有。世界上没有那么多理所当然，任何形式的亲密关系都是需要双方用心经营和维护的，只有摒弃理所当然的心理，才能建立界限，才能建立舒适长久的亲密关系。

理所当然会使原本亲密美好的关系变得岌岌可危。现实生活中，太多人以"理所当然的态度"霸道地试图掌控他人的生活，也正是因为受到这种思想的误导，他们的界限变得越来越模糊，恨不得越俎代庖，全权掌控所有事情。从本质上来说，没有任何人有资格以理所当然的态度对待除了自己以外的其他个体，同样的道理，其他个体也不会心甘情愿地服从。为了从根源上解决问题，我们必须清楚一点，即任何形式的关系都需要建立在互相尊重的前提下，都需要具备各种因素才能良好地存在。

刚结婚的静静很是苦恼，每天都愁眉不展的。有一次，静静回娘家看望父母，父母看到静静的模样大吃一惊，问道："静静，你怎么了，看起来这么不开心！"静静无奈地苦笑着说："爸妈，我可能遇到'凤凰男'了。我和小伟才结婚一个多月，他家里就隔三岔五地打电话来，不是要钱，就是要东西。"听到静静的话，父母忍不住皱起眉头，说："你婆婆也不制止一下吗？"说起婆婆，静静更是有满肚子的苦水要倒。她说道："我婆婆啃儿子啃得理直气壮，顺带着还想啃啃我这个儿媳妇呢！她可不像你们这么开明，结婚非但没有要彩礼，反而还给了很多陪嫁。你知道我婆婆怎么说吗？她丝毫不提没出彩礼的事情，反而说我们家的陪嫁太少。"妈妈忧愁地说："才刚刚结婚一个多月，就这样三番五次地来啃孩子，将来可怎么办啊！你在婆婆面前不要太软弱了，要照顾好你和小伟的小家。"静静说："昨天我还和小伟吵架了。这不是马上暑假了吗，我婆婆非要让她的大孙女来我家住一个月。我自己都还没做好准备当父母呢，怎么能照顾孩子？况且，多个孩子，我一时之间也接受不了。"

父母你一言我一语地给静静出主意，最终妈妈决定和静静的婆婆好好谈一谈，毕竟静静从小无忧无虑地长大，可是没受过委屈也没吃过苦呢！

在这个事例中，静静烦恼的根源就在于婆婆没有界限。在婆婆心中，儿子小伟的家就是她的家，她是可以做主的，所以她才擅自做主让大孙女来静静和小伟家里过暑假。这样的婆婆并非有意识地麻烦儿子和媳妇，而是因为缺乏边界意识，认为自己不管对儿子提出什么样的要求都是理所当然的，儿子也是不能拒绝自己的。在这种错误思想的引导下，婆婆才会越来越失去分寸，大有得寸进尺之感。要想处理好这个问题，作为儿子的小伟应该和妈妈好好沟通，逐渐改变婆婆的想法和观点，使婆婆认识到自从儿子结婚开始，儿子就和静静拥有了属于他们的小家，而婆婆应尊重他们，不要越界。

现实生活中，很多人都会出现理所当然的情况，他们认为对身边的人索取是理所当然的，认为代替他人做出决定和选择是理所当然，认为对他人的生活指手画脚妄加评论也是理所当然的。当理所当然成为习惯，哪怕离开了熟悉的生活圈子，面对陌生人，他们依然会以自我为中心，为了满足自己的需求和欲望，提出各种不合理的要求，招人非议。

人是群居动物，每个人都在社会环境中生存，每时每刻都要与他人打交道。从现在开始，我们就要摒弃理所当然的想法，这样才能考虑到他人的情绪和感受，才能建立界限，使人际关系维持在舒适的状态。

对于界限，模糊与僵硬都不可取

界限含糊不清，很容易引发各种问题，导致"界限模糊"或者"界限僵硬"。所谓"界限模糊"，指的是个体无法准确地界定自己和他人的责任以及权利范围，因此导致自己与他人之间的界限模糊。出现这种情况，后果是很严重的，这往往意味着当事人无法坚守自己的界限，也无法约束和管控自己，避免侵犯他人的界限。如果一个人出现"界限模糊"的情况，那么他的人际关系就会很糟糕，与他交往的人也会因此产生负面感受，严重的还会想要与他断绝往来。

"界限僵硬"与"界限模糊"截然相反，指的是生命个体与他人之间的界限太过清楚，因此产生了自我封闭的倾向，不愿意与他人交往，也不愿意融入人群，即使遇到问题，也选择孤独地面对，这使得界限僵硬的人与周围的世界格格不入，极不协调。由此可见，"界限模糊"与"界限僵硬"是人际交往的两种极端状态，都不属于良好的人际交往状态。其实，不管是

"界限模糊"，还是"界限僵硬"，都是不可取的。我们应该调整好自己的心理状态，在这两种状态中寻求平衡，达到更理想的人际交往状态。

　　开始北漂之后，宋佳认识了张晴，很快就与张晴熟悉起来。得知张晴的老家在自己老家的邻县，宋佳与张晴的关系也越走越近。张晴与相处了几年的男友感情越来越深厚，到了谈婚论嫁的阶段。这时，张晴拜托宋佳帮她买房。看到可以做好朋友的生意，又能让好朋友放心，宋佳当然责无旁贷。在煞费苦心地筛选了所有房源后，宋佳给张晴推荐了十套经典房源，张晴利用周末休息时间，把每套房子都认认真真地看了一遍。很快，张晴就锁定了其中两套房子，她有些拿不定主意，决定让爸爸妈妈从老家赶来，为她把关。

　　买房可是大事，爸爸妈妈接到张晴的电话，当即就从老家赶到北京。对于张晴中意的两套房源，爸爸妈妈也都很满意，决定再商量商量。当天晚上，店面新上了一套房源，和张晴喜欢的一套房源户型相同，但是价格却便宜了十几万。宋佳第一时间就给张晴打电话通报，张晴和父母立马赶来看房，当即拍板购买。就这样，一直折腾到凌晨三点多，他们总算和业主完成了签约。更令人惊喜的是，宋佳不但又帮忙砍了三万块钱，还申请了佣金的最低折扣。张晴妈妈一直连声地感谢宋佳，宋佳都不好意思了，说道："阿姨，我和张晴是好姐妹，咱们又是老乡，帮忙都是应该的，反倒是我应该感谢你们，照顾了我的生意。"

次日上午，在贷款签约时，张晴妈妈给宋佳送了一份厚礼——一件价值两千多元的羽绒服。宋佳推辞不过，只得收下。不过，原本真心为张晴开心的她，现在却感到有些心理负担，她暗暗地想："张晴妈妈可真是不近人情的人啊！"后来，张晴搬家，宋佳又送了张晴一台扫地机器人，这才算心安。

与那些界限模糊，对他人的帮助觉得理所当然的人相比，界限僵硬的人也会给人带来压迫感。中国向来秉承礼尚往来，人与人之间有来有往，关系会越来越亲近，感情会越来越深厚。然而，在礼尚往来的过程中，要把握好表达感情的时机，也要把握好度。在上述事例中，对于宋佳来说，能够帮助好朋友买到合适的房子，节省一些钱，这是一件乐意之事，所以张晴妈妈迫不及待地感谢宋佳时，宋佳反而会感受到压力。显而易见，张晴妈妈存在界限僵硬的情况，做事情讲究道理和礼数，也很看重人情，却忽略了自己的做法给他人带来的压力。如果能够适当地进行调整，找到更好的时机向宋佳表示感谢，那么效果会更好。正如俗话所说的："人情就是用来欠的。"如果总是急迫地想要还清人情，那么可能会让人感到不想与对方有过深的关系，正是因为如此，界限僵硬才会给人带来压力。

要想避免界限模糊的情况，就要明确区分自我责任与他人责任、自我意志与他人意志、自我情绪与他人情绪、自我界限与他人界限等。在人际交往中，一切关系都是有界限的，必须清楚地建立界限，才能保持自我，建立良好的关系。

要想避免界限僵硬，就要学会随机应变、灵活调整界限，这样才能既合乎道理，也合乎人情，使人际关系更加舒适。通常情况下，界限僵硬的人不善于人际交往，也缺乏安全感，所以在与人相处的过程中很容易发生矛盾和冲突。"障碍性疏离"这一人格概念可以很好地描述严重界限僵硬者的表现。要想缓解界限僵硬的各种表现，首先要调整认知，不要认为这个世界是充满恶意的，应该相信这个世界充满善意。一个人唯有走出内心的囚牢，才能敞开怀抱拥抱美好的世界，拥抱身边的所有人。

设立界限不是自私

对于设立界限，很多人都存在误解，认为设立界限就是自私，是故步自封，把他人拒之门外，这样的理解太过片面。如果因此而不愿意设立界限，担心会被指责自私，影响人际关系，那么反而会导致更严重的后果。我们首先应该认识到，设立界限非但不是自私，反而是自尊自爱。一个人只有尊重自己，才会尊重他人；只有热爱自己，才会热爱他人；只有对自己负责，才会对他人负责。只有合理设立界限，才能满足自身的心理需求，更好地爱自己，尊重自己，对自己负责。

设立界限并不是为了把他人拒之门外。正如做游戏的所有人都要遵守规则，设立界限的目的也正在于制定人际交往的规则，这样每个人才能守护好自己的权益，让交往更加顺利和谐。如果没有界限，那么人与人之间的关系就会变得混乱，如同一团乱麻毫无头绪，自然是不可能长久发展和维护的。

　　小美自从大学毕业后开始北漂，她与曾经是男朋友、现在是丈夫的刘峰整整奋斗了十年，终于有了真正意义上的家——他们买房了。房子只有98平方米，是紧凑型的三室一厅一卫。即便如此，小美也发自内心地感到喜悦，她精心布置着家里的每一个角落，相信这套房子将会见证他们一生一世的幸福。

　　很快，小美在北京买房的消息就传遍了整个村庄，乡邻们、亲戚们纷纷向小美父母道贺，七嘴八舌地说："真好，你们老两口以后可以去北京养老啦！""小美真有出息，都是你们培养得好！""北京的房子可贵呢，不是一般人能买得起的！"默默无闻了一辈子的老两口喜笑颜开，感受到从未有过的自豪感。也许是被喜悦冲昏了头脑，也许是很喜欢这种被人吹捧上天的感觉，当有个远房亲戚来家里串门，说起想让考到北京读大学的孩子周末去小美家里借住时，老两口不假思索地同意了。

　　听到父母提出的不情之请，小美很为难，别说刘峰未必能同意一个八竿子打不着的亲戚隔三分内岔五来家里小住，小美也不愿意自己辛苦购置和装修的房子被外人住。思来想去，小美意识到不能开这个先例，否则她的家未来就会变成七大姑八大姨的落脚旅店。想到这小美狠下心来驳回了父母的要求，说道："爸妈，你们想什么时候来住都行，亲戚朋友恕不接待。我们十年里一直租房，数次搬家，没有任何亲戚朋友表示过关心，我也不想让我的家变成旅店。"小美父母很为难，不知道该如何回绝亲戚，但是他们心知肚明小美说的是对的，老两口互相埋怨当初轻易就答应了亲戚不合理的请求。后来，他们想了一个理由，对亲戚说道："不好意思，我们那天答应你的时候不知道小美怀二胎了，她的婆婆要去照顾她。"亲戚仿佛知道这是一个借口，冷着脸走了。小美父母面面相觑，下定决心以后再也不做这样尴尬的承诺了。

自从这件事情之后，再也没有亲戚朋友要求来小美家里借住了，也有亲戚朋友私底下说小美很自私，不好相处。但是，对于他人的评价，小美置若罔闻，她只是想过好自己的日子而已。

互帮互助的热情让许多人习惯了界限模糊，这种抱团取暖的方式是值得提倡的，但是在这个过程中却要坚守界限，切勿逾越界限。在城市里，每个人每天都很忙碌，整个家庭作为一个整体保持着既有的节奏和规律，一旦有外人加入，就会打乱节奏和规律，让生活变得一团糟。在上述事例中，那个远房亲戚提出的请求是不合理的，且不说平日里交往不多，哪怕是很熟悉的亲戚，也不方便每逢节假日就去小美家里居住。在这一事件中，小美则勇敢地捍卫了自己的权利，也保护了自己的界限。

生活中，很多人都缺乏界限意识，总是喜欢把自己的事情和他人的事情混为一谈，也总是习惯性地顺从他人，优先考虑他人的需求和感受，他们没有意识到，他们忽略了自己的真实感受，压抑了自己的真实需求。一个人必须先爱自己，才会爱他人；必须先尊重自己，才能真正尊重他人。作为有界限意识，也有明确界限的人，我们要坚持捍卫界限，不要因为顾虑太多就放弃界限。当被他人指责时，千万不要因此就不假思索地改变自己的想法和做法，而是要认真地思考自己的本心，明确自己的界限，这样我们就会有充足的底气和勇气。

要想捍卫界限，就需要既不被他人的评价影响，也要明确自己的界限，并且要求他人尊重自己。自私与自爱是有区别的，自爱的人不会损人利己，而是坚持自我反省，有则改之，无则加勉。自爱的人会设立界限，从而更好地保护自己，也会关注自己的情绪和感受，不至于委屈和压抑自己。每个人都有权利自爱，也有权利拒绝他人践踏自己的界限。我们本就应该坚持做自己认为正确的事情，以最好的方式爱自己，尊重自己。唯有不忘初心、坚定做好自己，我们才能以更好的姿态，让那些不尊重我们、恶意诋毁我们的人收敛。

设立界限不是敌对

　　有些人误以为设立界限就是自私，就是敌对。实际上，设立界限既不是自私，也不是敌对，更不是故意抗拒、反对他人。当因此遭到他人误解或者非议，甚至被指责为自私自利、目中无人时，我们往往会感到委屈，可能因此而做出让步。然而，让步从来不是解决问题的好方法，一味地让步只会让他人无限度地试探我们的底线，因此，我们要树立正确的界限观念。

　　事实证明，毫无界限感会让问题变得棘手。例如，在一段关系中，某一方很有可能打着爱的旗号侵入对方的领地，强求对方必须采纳自己的建议，这种霸道任性的行为会给对方留下糟糕的印象，如果对方的性格是怯懦软弱的，那么就会委屈自己选择顺从。正是因为这样的情况，在很多关系里才会存在不平等的现象，导致关系失去平衡。即使父母无条件地爱着自己的孩子，也不能以任何理由和借口操控孩子，这就是爱的限度。随着孩子不断成长，父母要学会放手，给予孩子更多的自由空间，孩子才会真正地成长。

为了设立界限，也帮助自己和对方把握界限感，每个人都应该清晰地表明自己的立场，阐述自己的感受，也明确主观意愿。唯有发自内心地尊重他人，我们才能得到对方的尊重；唯有真正平等地对待他人，我们才能得到他人的平等对待；唯有付出爱，我们才能得到爱的回馈。要想实现这些目的，设立界限是大前提。

大学毕业后，马宁没有像其他同学那样四处找工作，而是选择回到家乡自己创业。在经过一段时间的深入考察之后，马宁发现随着网络的普及，很多人都热衷于网购，但是村里的物流很不方便，每次收取快递都要去乡镇，极其不方便。马宁看到了其中蕴含的商机，联系了一家快递公司，在村子里设立了快递收发点。不仅如此，他还利用这个站点帮助村民代销自产的农产品。从此之后，村民网购极其便利，家里的农产品和土特产等也有了更好的销路。村民们都夸赞马宁，为大家办实事，帮助大家创收。

生意越做越好，马宁渐渐地忙不过来了。考虑到利润可观，马宁决定聘一个人帮忙。得知这个消息，住在村子里的叔叔闻讯赶来，对马宁说："马宁啊，听说你需要请人，正好我也赋闲在家，咱们又是自己人，就请我吧。我要求也不高，一个月三千就行，主要是为了帮帮你。不过，最好管饭，你婶子走得早，你弟弟妹妹也都外出打工了，就我自己在家，不是当做饭的，和你一起凑合吃就行。"原本，马宁只想花两千请人帮忙，但是叔叔已经找上门来了，他只好答应了下来。

马宁本想着叔叔是自己人，不会偷奸耍滑，却没想到叔叔每天都迟到早退，只要不忙，就会溜出去打牌喝酒，他郁闷极了。马宁几次三番提醒叔叔这是在上班，但是叔叔不以为然，说道："什么上班啊，一共就你和我，谁在谁干，又不是真的忙不过来了。"听到叔叔这么说，马宁也只好睁一只眼闭一只眼，可是叔叔变本加厉，有的时候一天都不见人影。忍耐了一段时间之后，马宁只好痛下决心开除了叔叔。他暗自后悔，埋怨自己当初不该一时心软雇用了叔叔，又埋怨自己没有把丑话说在前面。后来，马宁特意从另一个村子里雇用了一个陌生人，上岗之前就对陌生的雇员约法三章。果然，新雇员很遵守规矩，恪守界限，让马宁特别省心。

俗话说，做官不带当地人，更何况是亲戚呢！这并不是因为不愿意帮助当地人，而是因为越是熟悉的人之间，越难划清界限。正如事例中的马宁，一开始抹不开面子雇用了叔叔，才会让自己那么纠结和痛苦。幸好后来他狠下心来，开除了叔叔，重新雇了员工，这才彻底扭转了局面。

在日常生活中，我们之所以设立界限，大多数情况下不是为了与对方为敌，而是为了保护自己。客观地评判界限，我们就会认识到设立界限才是保护自己的最好方式。我们不但要照顾他人的情绪和感受，也要注重满足自身的需求，达成自身的目的。人际交往是一门学问，不管与谁相处都需要时间来考验，我们没有必要一味地牺牲自己，照顾他人的感受。否则，我们始终会感到委屈压抑，也会因此而影响自身的决策和行动，这显然是得不偿失的。

为了使界限起到保护自己的作用，在设立界限前，我们应该认真考虑，做好下面的事情。首先，设立界限要以保护自己的权益为初衷，坚决不要损害他人的权益。其次，哪怕是对自己最爱的人，也要设立界限，这是因为在亲密的关系中更容易出现界限模糊的情况，设立界限可以避免发生很多问题。再次，在一段关系中，对任何一方而言，设立界限都是很重要的，也是必不可少的举措。最后，设立界限之后，还要坚守界限，否则界限就会成为一纸空文，毫无意义可言。总之，每个人都要珍惜自己的选择权，这样才能在人际关系中游刃有余，进退有度。

第二章
用正确的方式设立心理界限

◀────────────────────────────▶

　　前文说过，设立界限是很重要的，和现实中的界限相比，心理界限也不容小觑。要想让心理界限发挥积极的作用，我们就要以正确的方式设立心理界限：做好充分准备，在设立过程中选择对的方式，还要坚持原则和底线。

理性地自我判断，客观地评价自我

在设立界限之前，我们首先要学会独立，不仅要能够客观地认知自我，也要能够公允地评价自我，这样才能定义自己的界限，避免受到他人的干扰和操控。这一点说起来容易，想要真正做到，却是很难的。这是因为在自我认知的过程中，很多人都会受到外界信息的影响，也会不知不觉地参照他人的行为采取行动。正因如此，才会出现自我认知偏差的情况，使一些人在进行自我认知的过程中错误地定义自我形象。这就是心理学领域的"巴纳姆效应"，即因为外界信息的影响而产生错误的自我认知。

尤其是那些放之四海而皆准的笼统评价，很多人都会自觉主动地对号入座，哪怕这些评价是模糊的，具有广泛性，他们也坚信这些评价是针对自己提出来的，非常符合自己的人格特征。美国大名鼎鼎的心理学家伯特伦·福勒设计了一个实验，用于验证"巴纳姆效应"。他设计了一张问卷，上面描述了一些人格特征，然后邀请一定数量的大学生完成问卷，以打分的方式判定问卷上的描述是否符合他们的人格特征。完全不符合的描述只能得到 0 分，完全符合的描述能够得到 5 分。最终的调查结果显示，大学生完成问卷的平均分为 4.26 分，这意味着大多数人都认为问卷上那些描述基本符合自身的人格特征。他们不知道的是，每个人完成的调查问卷上的描述是完全相同的。那么，为何独具个性的大学生们，对于同样一份调查问卷会得出如此接近的分数呢？

让我们看看问卷的具体描述，例如"你渴望得到他人的赞美，却对自己要求严苛。""你拥有才华和潜能，只是还没有表现出来而已。""大多数情况下，你乐观开朗，少部分情况下，你内向沉默。"乍看上去，这些描述很有道理，实际上，这些描述都有一个共同点，即很广泛，可以用来形容很多人的人格。遗憾的是，大学生们认为这样的描述是可信的，而且对此深信不疑。这意味着很多人不能公允地评价自我，与此同时，还会被外界信息影响，对那些宽泛的评价表示认同。在这两个因素的共同作用下，大学生们最终得出的结论是不符合事实的，而且缺乏准确性和全面性。有些人因此自我评价过低，陷入自卑的泥沼中无法挣脱出来，对于他人的评价和看法特别敏感，每时每刻都活在他人的目光中。俗话说：说者无意，听者有心，所谓的听者就是这样敏感的人。一旦过于敏感，哪怕他人只是无心说了某句话，或者做了某件事情，我们也会认为他们是在挑衅或者表达轻视，因此对他们心生厌烦，关系交恶。

只有消除"巴纳姆效应"的负面作用，我们才能更加全面地认识自我，更客观地评价自我。具体来说，首先，接纳自己，消除自卑。每个人都是这个世界上独一无二的个体，是不可替代的，也是不可复制的。既然如此，我们就要接纳真实的自我，不要对自己抱有不切实际的幻想，要发自内心地接纳自己真实的样子。唯有接纳自己，才能消除自卑，才能发现自己的优点，真正认可自己，坚定不移地做自己。

其次，保持理性，客观地进行自我判断。关于自我，很多人都存在误解，误以为自己是最了解自己的人，却在某些时刻猛然意识到自己对自己感到特别陌生。正如苏轼所说的："不识庐山真面目，只缘身在此山中。"对大多数人而言，置身于自己内心的世界之外，从主观意识中跳脱出来，客观地认识自己，是很难的。要想避免这种情况发生，我们既要避免狂妄自大、自以为是，也要避免妄自菲薄、自轻自贱。具体来说，我们既要看到自己的闪光点，也不要无限度地夸大自己；既要看到自己不好的地方，也不要因此就全盘否定自己。

最后，理性审核外界信息，做出自己的判断。当我们能够心明眼亮地甄别外界信息时，就能够提升自我界限的觉知力，也能敏锐地察觉到有些人正在有意无意地触碰我们的界限。在这样的情况下，切勿人云亦云、盲目跟风，而是要笃定内心，坚持自己的思考和判断。例如，得到他人言过其实的夸赞，不要沉迷于其中无法自拔，而应该清楚地知道自己真实的能力和水平，听出来对方是在阿谀奉承自己；听到他人毫不留情地批评自己，为自己指出错误，不要急于责怪对方不给自己留面子，也不要因此判定对方太过尖酸刻薄，而是要牢记"良药苦口，忠言逆耳"的道理，这样才能有则改之，无则加勉，借此机会提升自我，完善自我。

坚持做到这三点，我们就能提高心理防御能力，练就"火眼金睛"，准确辨识外部信息，对自己做出理性的判断和评价。长此以往，我们就必然能够摆脱"巴纳姆效应"的不良影响，坚持做真实独立的自己。在人际交往中，很多人都会在不知不觉间受到他人言论的影响，那就要有意识地明确自己的界限，捍卫自己的界限。当发现自己被带入了对方的思维框架中时，就要勇敢地打破思维框架，突破思维禁锢，让思维变得更加灵活，更加深刻，也更有个性。

合理利用羞耻感

在人际交往中，很多人不小心触碰到他人的心理界限，导致他人产生心理不适时，就会产生羞耻感。这种羞耻感会起到积极的作用，及时提醒当事人要尊重他人的界限，以免引起自己和他人尴尬。羞耻感也许会使当事人暂时感到痛苦，但是从长远来看，却能够帮助当事人提升界限感，也有助于当事人建立稳定长久、和谐融洽的人际关系。

有些情况下，人们还会因为软弱产生羞耻感，觉得自己能力不足、水平有限、无法做好一些事情，就自我贬低。其实，我们无须软弱。这个世界上有那么多人，每个人的性格、才华、能力都是不同的，我们要直面并接受这种差异的存在，要接纳自己最本真的样子。在这种情况下产生的羞耻感，将会激励我们更加努力奋进，从而改变自己的命运，成就自己的未来。由此可见，羞耻感是很重要的，它并非单纯是负面的感受和情绪，诸如愤怒、悲伤等负面情绪一样，羞耻感也有着积极的作用和意义。与此相反，那些没有羞耻感的人常常会模糊自己与他人的界限，不会尊重他人，也很难与他人保持亲密良好的健康关系。对于没有羞耻感的人，我们则要敬而远之，不要为了满足他们的不情之请，就违背自己的意愿，打破自己的界限。

　　作为穷山沟里考出来的大学生，读大学期间，程长明一直非常节俭，每顿饭都吃最便宜的饭菜，一件衣服穿了又穿，补了又补。为了减轻父母的负担，他还坚持利用课余时间勤工俭学。就这样苦熬了四年，程长明终于大学毕业了，开始了渴望已久的自力更生的生活。又奋斗了六年，程长明终于攒够了首付，在城市的郊区买了一套属于自己的小房子。

　　在大城市定居下来，程长明才感到踏实和放松。这年春节，他买了很多礼物回家看望父母。很快，程长明在城市买房的消息就传遍了整个村庄，傍晚时分，一个从未有过来往的远房亲戚破天荒地来家里串门，对程长明说："长明啊，我可是看着你长大的。你小子终于出息了，也不枉费你父母这些年省吃俭用供养你，你将来可要把他们带去城市享福啊！"寒暄了一阵子，这个亲戚对长明说："长明，我最近做生意手头紧，跟你借十万块钱周转一下，你方便吧？"长明听到亲戚的话心中一惊，马上就又恢复镇定，说道："老叔，我不是不帮你，而是实在是没钱帮你。你走南闯北肯定知道大城市房价高，我一大部分首付都是借的，接下来每个月还要还六千多块钱呢。"亲戚不甘心，又说道："没有十万借给我，五万也行！"长明毫不迟疑地拒绝道："五万也没有，真是抱歉啊，老叔，其实我前阵子还想回来借钱当首付呢，后来挪用了室友准备结婚的钱才买下了房子。"这个亲戚看到长明拒绝得如此坚决，生气地说："长明啊长明，你现在出息了，成了城里人，也不把我们穷苦亲戚当回事了。既然如此，以后我们就井水不犯河水吧！"长明无奈地点点头，亲戚愤然离开了。

在这个事例中，这位远房亲戚在长明艰难求学的岁月里，他从未与长明家有过交往，甚至还有可能因为长明家很贫困，对长明家敬而远之。但是，一旦得知长明在城市买房的消息，他就想要求助于长明，并且厚着脸皮提出了借钱的要求。如果长明界限模糊，或者有虚荣心，打肿脸充胖子借钱给亲戚，那么亲戚可能就会变本加厉，继续对长明提出更多的要求。幸好长明为人处世有界限，他毫不迟疑地就拒绝了对方的无理请求，避免了更多的麻烦。

生活中，总有一些人没有羞耻感，也总有一些人过于软弱，明知道他人提出的是不合理的要求，却碍于面子不知道如何拒绝。这样的人需要明白一个道理，即人善被人欺，马善被人骑。面对自己软弱的内心，一定要设立明确的界限，这样才能理直气壮地拒绝他人。

在人际交往中，每个人都要有适度的羞耻感，来评判自己的行为是否合适。从某种意义上来说，个人自我道德意识会表现为羞耻感，通常情况下，羞耻感以良知作为重要的作用机制。要想形成羞耻感，就要建立自尊，做到自重自爱。一个不懂得自重自爱的人，既不会感到羞耻，也不会进行自我反省。古人云："知耻而后勇。"正是这个道理。

缺乏羞耻感的人无视他人的感受，也不在乎他人对自己的评价。日久天长，他们就会被人敬而远之，在社交中陷入孤独的境遇。既然羞耻感如此重要，那么羞耻感越强烈越好吗？当然不是。凡事皆有度，心理学家认为羞耻感不应过度，否则就会使人受到伤害。那么，如何判定羞耻感是否过度呢？可以考察以下三个维度：第一个维度，羞耻感持续时间的长短。适度的羞辱感只会持续短暂的时间，而羞耻感维持时间较长时，人就会陷入无尽的自责和懊悔之中，引发严重的负面情绪。第二个维度，羞耻感引发的负面感受。适度的羞耻感会督促我们进行自我反思，及时地改正错误，弥补不足。过度的羞耻感却会使人长久地陷入痛苦之中，甚至全盘否定自己。第三个维度，羞耻感引起的逃避心理和逃避行为。适度的羞耻感会使人积极地改正错误，过度的羞耻感却会使人反其道而行，产生逃避心理，或攻击他人，或远离他人。

为了避免上述情况的发生，我们要正确认识羞耻感，勇敢面对羞耻感。例如，找到合理的渠道宣泄负面情绪，积极与值得信任的人沟通，达到内心的平衡。最重要的是，要以羞耻感提升自尊，激励自己努力拼搏和奋斗，实现远大的目标。总之，只要认识羞耻感的本质，也了解羞耻感的积极作用，我们就能把握羞耻感的度，也就不会陷入软弱的怪圈之中。

为自己负责，不当受害者

很多人都有认知错误的经历，这是由于本身的认知能力有限、人生经验不足导致的。有些人会陷入受害者心态中无法自拔，模糊自己与他人的责任界限，把所有的不如意和错误都归咎于外部世界的人和事，总是迫不及待地撇清自己的责任，甚至满怀抱怨地认为自己才是最大的受害者。在这种心态的影响下，他们得过且过，哪怕对现状不满，也不愿意积极地改变自己以适应环境，或者通过自身的努力改善环境。他们怀着消极的心理，被动地对待一切事情，长久地陷入悲伤的负面情绪中，怨天尤人、自我怜悯。长此以往，他们的人生观和价值观都会发生变化，这将会彻底地改变他们的命运。

每个人都要学会为自己负责，只有自己才是自己的主人。尽管人会受到外部环境的影响，但是归根结底命运掌握在自己的手中，一味地怨天尤人只会导致情况变得更加糟糕。既然如此，我们不如振奋精神，鼓起勇气，勇敢地面对命运的所有安排。

　　有一段时间，全职妈妈张雪感到特别苦恼，每天都唉声叹气，不停地抱怨老公毛峰。这是为什么呢？原来，毛峰妈妈身体不好，不能帮忙带孩子，所以张雪自从怀孕就辞掉了工作，专心地留在家里相夫教子。前几年，毛峰爸爸也四处打工，帮助毛峰一起养家。近几年，公公年老体衰，不得不回家养老，一下子没了经济收入，非但帮不上毛峰，反而还要向毛峰要生活费。因此，毛峰和张雪的经济陡然紧张了起来。

　　眼看着孩子就要上小学了，看到身边的父母们都在张罗着为孩子买学区房，张雪也动了心思。不想，张雪才刚刚提起这个想法，毛峰就立马表示反对，说："我劝你尽早打消这个念头，咱们根本没有那个实力，也别异想天开自寻烦恼。"张雪恼火地说："还不都是你父母拖累的，人家父母没有钱还能出力，不能出力也能出钱，你家还要倒贴。我真是倒霉，摊上这样的家庭，偏偏你又能力有限，每个月只能赚死工资。"毛峰火冒三丈，说道："你还好意思说我？你家条件好吗？我父母再穷，也给咱们买了房子，之前每年还给咱们钱贴补家用。再说了，你要是嫌弃我赚得少，我可以留在家里带孩子，你去赚钱，你有能力，肯定赚得多。"就这样，张雪和毛峰互不相让，你一言我一语地吵了起来。

张雪越吵越伤心，忍不住哭起来，她边哭边说："我嫁给你图什么呀？你还这样对我！你要是不想继续养家就直说，何必拐弯抹角呢！"毛峰的意思被曲解，当即解释道："我从没说过不想养家，是你嫌弃我赚得太少。如果你能选择更好的生活，我绝对不会拦着你。"张雪一气之下带着孩子回了娘家，妈妈听完张雪的讲述，说道："小雪啊，嫁给毛峰是你的选择，你有什么可抱怨呢？况且，谁家过日子没有愁心事呢，毛峰不抽烟不喝酒，到点上班，下班还回家帮你做家务，你该知足了。你总是这样抱怨，将来毛峰真的生了你的气，你后悔莫及。"说完，妈妈还讲起自己年轻时婚姻的很多不如意，张雪这才释然。

在婚姻生活中，有些女人和张雪一样有受害者心态，总认为自己嫁给一个男人就该开启幸福快乐、优渥富足的人生，再也没有烦心事。然而，人只要活着就会有烦恼，不管是单身还是已婚，也不管是贫穷还是富有。既然如此，就不要再把自己所有的不幸都归咎于另一半，遇到问题的时候，一定要认真思考，主动地反思自身的原因，与另一半共同面对，改善目前的状况。

拥有受害者心态的人，总喜欢消极逃避，推卸责任，也会故意放大自己的不如意。在他们眼中，不值一提的小事都有可能被视为灾难，究其原因，他们缺少界限，或者界限模糊。只有准确地划分自己和他人的责任，才能勇敢地承担起属于自己的责任，也就减少了逃避行为，避免了故意夸大后果的现象。除了推卸责任，寻找替罪羊外，拥有受害者心态的人还不愿意积极地寻求办法解决问题。他们习惯处于被动的地位，悲观地认为不管自己做什么，都不能改善现实的情况，哪怕深陷痛苦焦虑，他们也不愿意思考如何解决问题。长此以往，他们越来越萎靡不振，缺乏活力和热情，既不愿意采取任何行动，也不愿意承担任何责任，宁愿眼睁睁地看着机会从自己的眼前溜走。为了有效改善这样的局面，拥有受害者心态的人要及时觉察自己的心理变化，关注自我，坚持进行自我反省，在意识到自己的错误和不足之后，要积极地自我调节，客观地进行自我评价。一旦发现自己陷入了受害者心态之中，就要有意识地改变心态，改正自己的错误，更要始终牢记，只有自己才是人生真正的责任人，要勇敢地承担起自己的责任。

做好上述事情之后，还要勇敢地解决问题。不管面对怎样的难题，都要客观地分析问题，找出有效的方法推动事情进展，制定切实可行的方案解决问题。最重要的是，一定要积极地采取行动，这将会使拥有受害者心态的人由被动者变为主动者，从主观者变成客观者，从畏缩者变成真正的挑战者。在此过程中，他们不断地接受着各种形式的锻炼，积累的经验越来越多，也就从稚嫩走向成熟。

做自己，不要被焦虑左右

现代社会中，很多人陷入焦虑状态，每天不是担心这件事，就是紧张那件事，常常心神不宁。然而，只要认真想一想，就会发现大部分焦虑都属于无效焦虑。顾名思义，无效焦虑就是毫无用处的焦虑，这样的焦虑是没有价值的，是没有必要存在的。看到这里，相信很多朋友都会感到沮丧：难道我曾经担心得夜不能寐，食不知味，只是在自寻烦恼吗？真相纵然残酷，但是不可质疑。

通常情况下，引发焦虑的并非那些已经发生或者板上钉钉的事情，而是还没有形成定局的各种问题。例如，定下了结婚日子的准新娘担心结婚那天下雨；即将参加高考的孩子害怕考不出好成绩；不久之后就要进行工作汇报的员工害怕遭到上司的批评，等等。这些情况虽然有可能发生，但是产生坏结果和好结果的概率是相同的。既然如此，我们为何不选择为可能发生的好结果而欣慰、喜悦，却偏偏要为可能发生的坏结果而提前忧虑、担心呢？这一则是因为我们常常无法控制自己胡思乱想；二则是因为我们常常会受到他人的影响。有的时候，他人无心的一句话就会让我们焦虑不安。

例如，一对小夫妻打拼了多年，终于在城市里购买了第一套房子，又倾尽所有地装修、布置，等到新家落成，为了和亲戚朋友分享喜悦，迫不及待地邀请亲戚朋友来家里做客。在这样的情境中，作为主人当然是喜笑颜开、满心欢喜的，但是作为客人，心情却可能很复杂。有的客人发自内心地为主人感到高兴，丝毫不吝啬赞美和羡慕之词；有的客人嫉妒主人，故意"鸡蛋里挑骨头"，说些让主人沮丧的话；有的客人"吃不到葡萄说葡萄酸"，给主人泼冷水……面对这样的情况，如果主人很容易受到他人的影响，好心情马上就会被浇灭，满怀沮丧。然而，那也只是徒增烦恼而已。反之，如果主人有着明确的心理界限，不受他人影响，专注于自己的感受，那么，主人就会保持好心情。然而，坚定不移地做自己，并非一件容易的事，它需要笃定的内心和宽阔的胸怀。

为了研究焦虑，有一位心理学家进行了一个实验。他召集实验对象，给每个人都发了一张白纸，并且要求他们把现在困扰自己的问题或者感到焦虑的事情一一列举下来。参与实验的人马上伏案疾书，每个人都写了自己的烦心事，心理学家又让他们在纸上标注姓名，把这些纸收集起来。一段时间之后，心理学家再次召集实验对象，按照标注的姓名，把写满忧愁的纸发给了每个人。他说道："请你们看看，你们所担忧和焦虑的事情是否都成了现实。"实验对象认真阅读自己曾经的焦虑，很快就回答了心理学家的问题。事实证明，只有极少数实验对象担忧的某件事情成为现实，大多数事情都没有发生。这个结果告诉我们，对于那些注定要发生的事情，焦虑并不能避免它们发生，而大多数人所担心的事情都是不会发生的，这也就意味着很多焦虑都是无效焦虑。

人生这么短暂，我们为何要把时间白白浪费在焦虑上呢？一旦意识到焦虑的侵扰，就要采取有效措施，及时调节焦虑。对于那些采取行动就能改善的情况，要积极地采取行动；对于那些没有办法处理的事情，不如暂时放下，等待时间给出答案。

古人云："千金买邻"，这句话很有道理。近来，小朱就因为邻居问题产生了烦恼，一时之间又不知道应该如何解决。自从三年前新房交付搬家，小朱家的隔壁就一直空置着，就在最近，邻居把房子租了出去，租户很快就入住了。

小朱对气味很敏感，就在邻居入住的第一天，她只要打开家门就能闻到一股浓重的烟味。晚上，小朱对老公亚宁嘀嘀咕咕："对门邻居可能是个烟民，今天才搬来，门外就很大的烟味。"亚宁不以为然地开玩笑道:"怎么,你还以为所有人都和我一样不抽烟不喝酒吗?你呀,摊上我这样的丈夫多幸运啊。"小朱嘟囔道:"烟味太刺鼻了,我都不敢开门。"亚宁安抚道:"再观察观察,抽烟也算是人家的自由,咱们总不能横加干涉吧。只要不在公共区域抽烟,咱们就管不着。"小朱噘着嘴巴点点头。

经过一段时间的观察,小朱发现邻居并没有在两家门口的公共区域抽烟,而是在连廊上抽烟。这让小朱很为难,因为没有充足的理由和对方交涉。但是,每次抽烟结束回家时,邻居总是把一身烟味带到公共区域,从连廊上也会飘进家里一些烟味。这可怎么办呢?如今,小朱出入家门都很快,生怕把烟味带进家里,她可不想要一个有烟味的家。有的时候,她进家里关好门,还得再打开窗户通通风。看着自己原本气味清新的家被烟味侵袭,小朱焦虑不安,又无计可施:要是我和邻居说了,会不会导致邻里关系恶化?邻居会认为我是一个斤斤计较、难以相处的人吗?小朱陷入了思想的僵局中。

在这个事例中,小朱产生了典型的无效焦虑,因为这种焦虑丝毫不利于解决问题。要想避免无效焦虑,一则不要太过在意他人的看法,不要过度追求他人的认可;二则不要悲观地认为设立界限的结果一定是糟糕的。事例中的小朱如果能够转变预期，预估邻居是通情达理的，是好沟通的，那么就不会陷入无奈的状态，而是会积极地与邻居沟通，说不定问题就迎刃而解了呢。

为了彻底改变自己不满意的局面，我们就要积极地进行自我质询，即自己提出问题，再自己解答问题。在客观评估情况的过程中，找出那些可以控制的因素，从而改变思考问题的方式方法，对问题有合理的预期。当事情变得能够掌控时，就能减少无效焦虑，即使问题暂时无解，也无须一直陷入焦虑之中，可以暂时搁置问题，留给时间来解决，随着时间的推移，事情总会有进展，局面也会有所改观。

不内疚，坦然面对

在设立界限、维护界限的时候，很多人都会因为某些情况而产生内疚感，误以为自己的拒绝是对他人的伤害，因而心生内疚，责怪自己。面对这样的情绪，当事人往往很难继续保持原则，维护界限。为了避免这种情况出现，我们要认识到界限的积极作用，以及它对于维护人际关系的重要意义，这样才能消除内疚，坦然地面对各种情况。

从心理学的角度分析，那些因为拒绝他人就感到内疚的人，其实是发生了"移情现象"，即在拒绝他人之际，自己也感受到了与被拒绝者同样的痛苦。更具体地说，他们对被拒绝者的痛苦进行了归因，并把被拒绝者产生痛苦的根本原因归咎于自己的行为，因此才会心生内疚，懊悔自责。要想从根本上杜绝这种现象，最重要的就是在自己与他人之间设立明确的界限，例如，在职场中与同事要分工明确，各司其职；在生活中与家人要团结协作，做好自己的分内之事，坚守好自己的岗位，密切配合。只有以明确的界限为前提，我们才不会因为拒绝他人而感到痛苦。退一步而言，设立了明确的界限，他人也就不会因为界限模糊而对我们提出不合理的要求了。由此可见，设立明确的界限可谓一举多得，能够同时解决与此相关的诸多问题。

大学毕业后，李然进入一家公司成为行政人员。因为缺乏工作经验，所以她只能从最基本的打杂工作做起。每天，李然都要协助同事们处理好各种杂事，常常忙得脚不沾地，连喝水的时间都没有，即便如此，同事刘娟还经常让李然帮忙。

原来，刘娟是公司的老员工，她在外面接了私活，总是需要打印资料。也许是因为自家没有打印机，又觉得去外面打印太费钱，所以刘娟总是利用工作之便打印大量资料。刘娟生怕自己打印会引起他人的疑心，就安排李然帮忙打印。她对李然说："小李，如果有人问你这些资料的用途，你一定要敷衍过去，最好不要告诉别人这是我让你打印的。"李然初来乍到不想树敌，也没有想到刘娟居然有那么多资料需要打印，就答应了刘娟。不想，从此之后刘娟一发不可收拾，每天都要打印大量工作以外的资料。

有一天，李然特别忙，还花费了一小时帮助刘娟打印资料。看到刘娟来取资料时只是轻描淡写地说了"谢谢"，李然心里很不舒服。次日，刘娟又拿着一大摞资料来找李然，李然确定是非工作资料后，对刘娟说："刘姐，打印机很好用，我告诉你怎么使用，你自己印吧。我今天的确太忙了，也许到下班都干不完该干的活儿。不过你放心，我先不用打印机，给你用，等你用完了，我再安排使用打印机的工作。"听到李然的话，刘娟只好讪讪地说："好的，我不着急，还是你先用吧。"这样拒绝了刘娟，李然感到很内疚，认为自己伤害了刘娟。然而，她强忍住要帮助刘娟的念头，因为她很清楚，自己不可能一直帮助刘娟侵占公司的物力和人力。直到下班，刘娟也没打印资料。从此之后，她再也不好意思让李然帮助自己做分外的工作了。

在这个事例中，刘娟的做法显然是在占公司的便宜。她利用上班时间做私活，使用公司的打印机打印大量资料，还安排公司的雇员李然帮助她打印。所以不管从哪个角度来说，刘娟都是不该这么做的。然而，李然在拒绝刘娟之后产生了内疚感，深受困扰。幸运的是，李然最终设定了明确界限，认识到自己拒绝帮助刘娟是合情合理的，因而消除了内疚感。

通常情况下，道德感比较高的人很容易产生内疚感，尤其是在面对关系亲密的人时，一旦拒绝对方，内疚感就会油然而生，这是因为对于关系亲密的人更能够感同身受。为了避免自己因为这种内疚感而陷入负面情绪中，应该及时处理相关的负面情绪，缓解或者消除自身的心理压力。根本在于认可自己的行为，确认自己在面对相同的情况时依然会做出相同的决定和选择。以此为前提，我们就会更加关注自己内心的感受，并给予自己充分的理由做出正确的选择。

在人际关系中，有些人习惯于向外归因，即把所有的事情都归咎于外部因素，而有些人则习惯于向内归因，即认为很多问题的根源都在自己身上，因而过度指责自己。其实，任何事情的原因都不是单纯的，我们固然要主动反思自己的行为，却也要客观地探究事情的原因。向内归因能够推动自我发展，增强自身的责任感，但是一定要适度，要划分清楚自己和他人的责任所在，才能避免承担不属于自己的责任。

此外，有些人很善于激发他人的内疚感，从而影响他人的情绪，达到控制他人的目的。对于这样的朋友，一定要有火眼金睛，看穿他们的用意。例如，当朋友向我们提出不合理的请求时，往往会说"哎呀，这只是一个小忙，你好意思不帮我吗？""凭着咱俩的交情，我相信你不会对这件事情袖手旁观的。"切勿因为听到这些套近乎的话就放弃自我界限，毫无原则地妥协，改变自己的决定。设立界限固然重要，维护界限更加重要。每个人都应该坚守自己的价值取向，才能明确拒绝那些越界行为。与此同时，还要时刻保持清醒和理性，才能拒绝他人强加于我们的内疚感，以轻松的心态坚持做好自己认为正确的事情。

拥有安全感，无所畏惧

在人生的历程中，很多人都遭受过不同程度的创伤，这些经历可能会使他们的自我认知和界限意识受到影响，这种影响往往是负面的。唯有勇敢地面对，积极修复，我们才能重新找回自信，也建立界限。

在生活中，一个缺乏安全感的人总是惶惶不可终日，内心深处有各种各样的忧虑，哪怕明知道事情并不像自己想象的那么糟糕，他们也常常陷入悲观沮丧的负面情绪中，无法摆脱。反之，拥有安全感的人更加阳光自信，积极乐观，不管面对怎样的困境，都能够鼓起勇气，一往无前。对每个人来说，安全感都是不可或缺的，既是人生的支撑，也能给人生带来无尽的希望。

冰冰是个漂亮的女孩儿，不管走到哪里都引人注目。从小到大，冰冰都很自信，直到经历了一次失败的感情，冰冰受到了伤害，变得自卑内向。原来，冰冰的前男友小徐从来没有意识到冰冰的美，很少赞美冰冰。更糟糕的是，小徐的原生家庭很不幸，因而待人冷冰冰的，常常批评和否定冰冰，还会刻意贬低冰冰。冰冰原本以为小徐是高冷范男神，随着交往的深入，才意识到小徐是真的冷漠。在小徐的长期冷漠对待下，冰冰的信心消失殆尽，误以为自己一无是处，根本不值得被赞美。有一段时间，冰冰甚至觉得自己配不上小徐，在小徐面前总是很自卑。在这样的状态下，面对提出分手的小徐，冰冰甚至没有勇气询问为什么。分手之后，冰冰更加沉默寡言，认为自己这辈子再也遇不到真爱了，她疏远了昔日的朋友，每天把自己关在家里不愿意出门，甚至不愿意工作。

过去很久，冰冰才终于从这段感情中走了出来。然而，每当有男孩儿向她表示好感时，她都刻意回避，或者直接拒绝对方。曾经那么美丽自信、落落大方的冰冰，究竟怎么了呢？

在这个事例中，冰冰显然是因为上一段感情经历受到了沉重的打击，导致她失去信心，失去希望。她和前男友小徐分手后，陷入了自我否定的怪圈，总是责怪自己，贬低自己，长此以往，她产生了错误的自我认知，认为自己没有任何优点和长处，也不值得被爱。她还极度缺乏安全感，担心自己在新的感情中再次受到伤害，所以拒绝接受异性的好感。这是典型的缺乏自信和界限僵硬的表现，也是创伤性影响的具体症状。为了能够尽快地从感情的阴影中走出来，冰冰应该彻底忘记上一段感情对自己的伤害，在自己想要回避感情时鼓励自己更加勇敢地面对。已经发生的事情是不可改变的历史，既然如此，忘却就是最好的选择，否则，长久地沉浸在曾经的伤痛中，我们就会在自己与他人之间形成一道鸿沟。

创伤不但会影响一个人的自我认知，也会影响一个人对外部世界的人和事的看法，因而无法对外部世界做出正确判断。最糟糕的是，有创伤的人总是自我否定，缺乏信心，自认为低人一等，这会使自己产生"低价值感"，引发严重的后果，所以必须及时修补创伤，才能以更放松和积极的心态开始下一段关系。

要想修复创伤，首先要直面创伤，一味地逃避是无法解决问题的。只有勇敢面对，才能找到问题的症结所在，才能深入地了解自己，从各个方面进行自我完善。有些遭遇创伤的人刻意地遗忘，逼迫自己尽快忘记，这使自己长期处于自我压抑的状态，反而会加重创伤。对于创伤，正确的做法是勇敢面对，唯有面对，才能觉察问题的根源，积极地设立防线。在此过程中，如果能够重新解读创伤，则会得到更加深刻地理解和认知。做好这些准备之后，还需要根据创伤的实际情况，重新设定自我界限，目的在于重新建立一段良好的关系，找回自信，而不要试图隔绝自己和他人。当我们可以坦然地面对过去，满怀希望地憧憬未来时，我们的内心就会变得更加强大。每个人都要学会与过去告别，从或欢乐或悲伤的过去中走出来，继续向前。

拒绝被贴标签，拒绝别有用心的评价

很多人都喜欢给他人贴标签，一旦看到他人的行为举止不符合自己的评判标准，他们就会毫不留情地批判、下定论，这是一种很武断的行为，会给他人带来很多困扰。被贴标签的人常常会为此感到困扰，也未必认可自己被贴上的标签。不得不说，贴标签属于越界行为，不符合人与人之间互相尊重、平等对待的相处原则。面对他人贴标签的行为，我们要勇敢地拒绝，尤其是对那些别有用心的评价，我们更是要捍卫自己的权利，保护自己的正当利益，为自己发声。

具体来说，贴标签往往带着居高临下的意味。喜欢给他人贴标签的人，总是摆出一副高高在上的姿态，带着浓厚的主观色彩去评价和批判他人，甚至对他人做出带有贬低性质的评价。被评价的人会感到自己受到冒犯和伤害，因此产生愤怒、敌对的心理，进入防御状态。除此之外，被贴标签的人还会产生"标签效应"，在不知不觉间受到他人的负面作用和影响，产生错误的自我认知，也在心理暗示的作用下使自己的行为表现符合标签的定义。这种改变是在无形中发生的，就连当事人也未必能够敏锐地觉察到。正是因为这种行为产生于无形，所以才要有意识地避免这种情况的发生。

大学毕业后，小茹过五关斩六将才进入一家私营企业，成为人事专员。对于自己来之不易的第一份工作，小茹自然非常看重，对上司交代的所有任务，她都会全力以赴做到最好。对待工作，她兢兢业业，生怕出现任何差错，始终打起十二分精神对待每一个细节，然而，因为缺乏工作经验，她还是在工作上出现了纰漏。有一次，因为小茹考虑问题不够全面，给公司带来了一些损失，上司特别生气，当着所有同事的面狠狠地批评了小茹，毫不留情地说道："你们这些'90 后'啊，从小娇生惯养，就是嘴上没毛，办事不牢！"听到自己连累所有的"90 后"都被批评，小茹内疚极了，又觉得很尴尬，伤心的眼泪簌簌而下。

在冲动之余，小茹想到了辞职，但是辞职之后又要面临找工作的困境，而且谁能保证下一份工作就是简单容易的呢！这么想着，小茹决定留下来。即便打定了主意要留下来，小茹的心情也没有放松，她的脑海中始终回荡着"嘴上没毛，办事不牢"这句话，面对工作如履薄冰。这样一来，她更加沮丧，渐渐地失去了热情和信心，工作上更是频繁地出错。到最后，不但上司对小茹不满，就连同事们也受到了小茹的牵连，无法顺利推进工作。小茹意识到自己真的出了问题，却不知道应该怎样才能有效地改善现状，苦恼极了。

作为上司，对于新入职的员工要多鼓励，少批评，更不要随意给员工贴上负面标签。上述事例中，小茹正是因为被贴上了负面标签，才对自己越来越缺乏信心，对工作越来越没底。可以说，上司贴标签的行为侵犯了小茹的情感界限，也侵犯了小茹的心理界限，所以小茹才会因为当众受到批评、被贴标签而沉浸在负面情绪中无法自拔。更为严重的负面影响是，小茹作为职场新人原本就对自己缺乏信心，也不能做到客观全面地认知自己，因而在受到上司的负面评价后出现了自我贬低的情况，导致心理崩溃。从心理学的领域来说，这就是典型的"标签内化"现象，具体来说，指的是一个人因为被他人贴上了负面标签，所以受到了负面标签的束缚，失去了真实的自我，不能客观看待和评价真实的自我。

在人际交往中，为了避免出现标签内化的情况，我们应该敏感地觉察到他人对我们进行的贴标签行为，即设立界限，维护界限不被侵犯。生活中，很多人都喜欢给他人贴标签，例如，有人喜欢以地域评判他人，有人喜欢以年龄评判他人，有人喜欢以点概面、以偏概全，有人喜欢遵从刻板印象，等等。对于他人的这些行为，我们不要逆来顺受，一旦意识到自己的界限被侵犯，就要及时果断地做出回应，既维护自己的界限，也避免对方继续侵犯界限。

此外，一定要对自己有全面的认知，也要强化自我认知，这样才能公正地评价自己，不会因为他人的评价就改变对自己的认知。在进行自我认知的过程中，既不要高估自己，更不要贬低自己，而是要客观公允地评价自己。每个人都有优点和长处，也有缺点和不足，这是不容争辩的事实。面对那些恶意给予我们负面评价的人，他们自身是过于苛刻或者别有用心的，所以他们的评价并不具备参考的价值和意义。认清这一点，我们就不会过多受到他人评价的影响，能够坚持以客观的标准评价自己。

除此之外，有些人还会受到自身不良情绪的影响，给予他人苛刻的评价。这就是投射式的负面评价，对于这样的评价，我们可以采取置之不理的态度，不要将其放在心上。总之，每个人都是社会的一员，都要在社会生活中与他人相处，既然如此，就要笃定内心，做好自己，不要人云亦云，随波逐流。我们要坚信自己是独一无二的存在，也要坚持做好自己。

学会拒绝，让界限变得更清晰

　　不懂得拒绝的人，很难维护自己的界限，他们常常因为不好意思、害怕令人尴尬等原因不断地退让，承担起不属于自己的额外责任，心不甘情不愿地做自己不愿意做的事情，这么做既委屈了自己，失去了界限，也未必能够如愿以偿地赢得他人的好感。事实告诉我们，在人际交往中，要想建立良好的人际关系，维持人际关系长久发展，就需要设立清晰的界限，以明确的态度维护界限，这就要求我们学会拒绝他人。

　　面对他人的不情之请，面对他人的过分要求，如果不懂得拒绝，不敢说"不"，而是被动地接受或者顺从，那么他人就会形成错误的认知，认为我们的界限是可以被打破的。在初次尝到甜头后，他们就会一而再再而三地试图打破我们的界限，这当然是非常糟糕的。人的忍耐是有极限的，即使我们暂时愿意打破界限满足他人，随着他人的变本加厉，我们终究会有无法继续忍耐的那一天。等到这时，他人已经习惯于麻烦我们，我们却不愿意继续被麻烦，人际关系反而会因为姗姗来迟的拒绝而面临破裂。反之，如果能够在相处之初就设立明确的界限，并与对方约定遵守界限，或者以实际行动告诉对方我们坚决维护界限的态度，那么就能免除后续的烦恼，避免彼此陷入无休止的麻烦之中。这是人际相处的大智慧。

　　作为一名漫画师，郡郡每天都很忙碌，不但要完成全职的工作，而且要利用工作之余完成兼职，就连周末，郡郡也不能休息。周六的早晨，郡郡正在享受着久违的懒觉，却接到了高中同学的电话。原来，这个高中同学自费出了一本书，想让郡郡帮忙画十几幅漫画当作插图。老同学毫不客气地说："郡郡，你的水平我是知道的，你的能力我也是清楚的。对你来说，十几幅漫画顶多占用你一个周末，到时候我请你吃大餐好吧。"听到这话，郡郡很清楚老同学是压根没把自己当外人。但是，郡郡手里还积压着很多工作呢，周六她要加班，周日她要兼职。但是，她又不好意思直接拒绝老同学，暗暗想道："也罢，我就利用晚上的时间画几幅吧，反正是免费的，要求也不会那么高。"想到这里，郡郡勉为其难地答应了老同学。

　　这个周末，日程很紧张的郡郡占用了睡觉时间，为老同学画了八幅插图。不想，老同学对这些插图并不满意，希望郡郡能够用心改一改。看到老同学得寸进尺的样子，郡郡有些不开心地说："老同学，我这可是利用睡觉时间画的，你还是饶了我吧。"老同学丝毫不领情，继续说道："郡郡，画漫画对你来说本身就是休息啊，我可是知道的，你上高中的时候在课堂上都偷偷画漫画，你应该感谢我给了你这个画漫画的机会，况且我还要请你吃大餐呢！"郡郡只好进行了修改，但是老同学依然不满意，就这样，郡郡为老同学修改了三次，才算勉强交了差。看到老同学一点儿都没有提费用的事情，郡郡心里很不舒服，半开玩笑地说道："累死我了，困死我了，什么时候请我吃饭啊！"不想，老同学说道："你这个家伙把漫画画成这样还好意思要求我请吃饭，我没让你请我吃饭就不错了。"郡郡听到这句话很生气，冲动地说："既然没有吃饭的情分，那就把稿费转给我吧，按照熟人价，你转我 500 块钱就行。"老同学半天没给郡郡回信息，到了下午给郡郡发了稿费，郡郡给老同学发了"收到，谢谢照顾生意，改天我请你吃饭。"却发现老同学已经把自己拉黑了。

郡郡很憨厚老实，所以才愿意在百忙之中挤出时间帮同学的忙。然而，她虽然出于好心，但是最终却因为稿费得罪了老同学。如果能够在一开始就表明自己是要收取稿费的，那么老同学就可以选择另请高明，或是选择付费享受服务，也不至于在完工之后心不甘情不愿地给郡郡支付稿费。

这就是设立界限和维护界限的重要性。从另一个角度来说，事情之所以发展到这样的局面，一则是因为老同学没有分寸，二则是因为郡郡没有设立界限。现实生活中，很多人都因为不懂得拒绝，所以导致自己的生活和工作变得一团糟。对于这样的人，人们将其称为"老好人"或者"滥好人"。我们固然要乐于助人，却也要懂得保护自己的界限，不能一味地忍让退步，否则就会失去界限，使很多事情陷入无序的状态。

从心理学的角度来说，一个人之所以会成为毫无原则和底线的"老好人""滥好人"，是因为他们一味地逢迎讨好和取悦他人。首先，他们对界限没有清晰的认知，也就不能设立明确的界限，这使得他们与他人的相处呈现出界限模糊的特点。有的时候，只是因为他人的一句奉承或者是感谢的话，他们就会倾尽所有地付出。其次，他们没有明确的情感界限，总是过度考虑他人的情绪感受，担心拒绝会使他人感到难堪，也就不好意思对他人说"不"。最后，他们总是认为自己应该满足他人的需求，因而把自身的需求放在次要的位置。这与以自我为中心的人形成了鲜明的对比。要想改变这样的情况，就要形成正确的认知，更多关注自己的需求，减少愧疚感和内疚感，维护自己的界限。真正学会了拒绝后，他们就会拥有更加成熟且强大的内心，也就能够更好地做自己。

强化界限，为自己的人生做主

　　每个人都应该培养自我界限意识，这样才能设立清晰的界限，拥有自己做主的人生。然而，设立界限并非朝夕之间就能完成的事情，所以我们不能寄希望于立刻改变现状，而是要未雨绸缪，早做准备，这样才能循序渐进地改变，迎接崭新的未来。毋庸置疑的是，在设立和维护界限时，必然会有很多人对我们表示质疑，也会采取各种形式打击我们。面对这样的困境，那些内心动摇的人很容易就会妥协，选择回到此前的状态，不再继续努力。但是，内心坚定的人却能够排除万难，坚定不移地做好自己该做的事情，持之以恒地朝着自己既定的目标努力。俗话说，"功夫不负有心人"，正是这个道理。

　　在设立界限时，我们要有意识地提振信心和勇气，因为要想拥有稳定的界限，形成明确的自我边界，就离不开信心和勇气的助力。对于缺乏信心和勇气的人而言，他们很难克服各种困难和障碍，以微小的改变铸就稳固的界限。

在父母眼中，已经到了而立之年的张丹依然是个需要呵护和照顾的小女孩儿，他们一如既往地为张丹安排好一切。在父母的规划和安排下，张丹从小就一路绿灯，按照父母的期待上完了重点学校，进入了名牌大学，又在父母的帮助下进入了一家知名外企工作。对此，她按部就班，从未表示过抗拒，张丹很清楚自己就是大家所说的乖乖女。然而，唯独在解决个人问题方面，父母对张丹很不满意。尽管父母明里暗里地催促了张丹很多次，希望张丹尽快找一个合适的男朋友，趁着好年华结婚生子，但张丹一点儿也不着急，还流露出自己不婚主义的倾向。张丹已经过了 30 岁生日，却连男朋友都没有，父母急得如同热锅上的蚂蚁。他们不仅自己想方设法地劝说张丹，还发动所有的亲朋好友劝说张丹，害得张丹一直住在单位的宿舍里不敢回家，尤其是到逢年过节，她不是出差就是四处旅游，压根不敢和强大的亲友团见面。

然而，一直躲着也不是办法，张丹决定把自己不婚的想法彻底公之于众。趁着大家族团聚的节假日，张丹当着所有亲戚朋友的面公布了自己决定独身过一辈子的决定，爸爸妈妈震惊不已，勃然大怒，还当众指责张丹是不孝女，自私自利。张丹很委屈，为自己辩解："结婚与否是每个人的权利和自由，我不想结婚不代表我不孝敬你们啊！"亲朋好友更是七嘴八舌地教训张丹，张丹只好生气地落荒而逃。经过这件事情之后，再也没有亲戚朋友当面劝说张丹结婚了，至于他们背后怎么议论，张丹完全不在乎。只有父母还不死心，一旦抓住合适的机会就劝说张丹，但是张丹不为所动。

　　张丹是一个有着明确界限的人，正是因为如此，在很多单身女孩不堪来自父母和亲朋好友的压力而仓促寻找人生伴侣时，她才会坚定不移地做不婚主义者。未来，张丹也许会改变不婚主义的想法，走入婚姻的殿堂，但那一定不是因为来自他人的压力，而是因为她遇到了自己真正喜欢的人。很多人虽然有界限，但是会因为各种原因、各种压力而无法坚守界限。有些单身男女为了实现父母的心愿而凑合着找个人娶了或者嫁了，最终过得不如意，陷入懊悔之中。爱情是不能将就的，婚姻更是关系到我们一生的幸福，所以对于爱情和婚姻的态度必须慎重，要遵从自己内心的指引和选择。越是在关键时刻，就越是要坚守自己的界限，这样才能避免受到他人的影响，做出错误的决定。

　　当然，坚持维护界限并不容易，在很多情况下，界限模糊能够帮助我们得到他人的认同和支持，获得虚假的安全感。反之，界限清晰则会使我们暂时成为孤家寡人，不被他人理解和接纳，会感受到孤独和寂寞。即便如此，也不要一味地依附于他人，而是要做好独立的自己。还有些人为了获得他人的帮助，放弃坚守界限，而是继续回归界限模糊的状态。例如，很多父母都喜欢对孩子全权包办，这使得孩子对父母的依赖越来越强，明知道自己不应该完全顺从父母，却为了继续得到父母的帮助而不得不让步。随着时间的推移，孩子不断成长，越来越渴望自由，必然会因为依附于父母而感到痛苦。此外，也不要为了维持表面的和睦而放弃界限，缓和关系不应该以牺牲自己的界限为代价，每个人都应该尊重自己，才能得到他人的尊重。不管从哪个方面来说，我们都应该设立界限，坚决维护界限，这是因为虚假的安全感随时都有可能崩塌，一味地妥协和让步只会导致我们最终退无可退，而虚假的温情更是如同昙花一现，无法长久地保持下去。所以，我们应该向张丹学习，强化界限，真正主宰和掌控属于自己的人生。

第三章

明确关系界限，守护亲密关系

◀━━━━━━━━━━━━━━━━━━━━━▶

　　每个人都生活在关系中，错综复杂的关系如同巨大的网格，使人置身于其中而浑然不觉。关系分为远近亲疏，越是亲密无间的关系，越是容易失去界限。要想维护好关系，就要明确关系界限，守护关系界限。

在恋爱中，不要过度投入

在社会学和经济学领域，都存在"马太效应"，意思是强者越强，弱者越弱。如果以一句话进行概括，那么"马太效应"就是两极分化现象。"马太效应"存在于情感关系中。有些人表现为典型地讨好型人格，那么在恋爱关系中，他们就会毫无原则和底线地迁就对方，讨好对方，但这样会使对方更不愿意珍惜他们的付出，更加轻视他们，这完全违背了他们的本心。

与"马太效应"截然相反的是，有些人表现得自尊自爱，他们很清楚恋爱关系是要以相互尊重、平等对待为前提的，因而他们始终保持自己的界限，不会无限度地委曲求全。他们越是表现得独立自主，越是能够对对方产生吸引力，赢得对方的关注和喜爱。与此同时，他们也能营造良好的恋爱氛围，建立健康的恋爱关系，使爱情历久弥新，感情日益深厚。

不管作为男性还是女性，在恋爱关系中，一定要保持自尊自爱、自强自立的姿态，可以单方面喜欢对方，却不要无限度卑微下去。有些人比较强势，仗着对方喜欢自己，就向对方提出很多苛刻的要求。例如，男生要求女生为自己蓄发，或者剪短满头长发；女生要求男生健身，最好练出八块腹肌。为了赢得对方的好感，还会想方设法求得对方关注，甚至不惜委屈自己，做自己原本不愿意做的事情。这样的迎合也许能够维持短暂的感情，却不可能长久保持下去。真正美好而又长久的爱情，一定要以彼此尊重、相互关爱为前提。为所爱的人付出当然无可厚非，但是凡事都要把握合适的度，一旦过度，就会导致失去自我，失去界限，无法使关系始终保持良性发展的态势。

要想避免在亲密关系中无限度付出，就要改变讨好型人格。通常情况下，讨好型人格不管是在工作还是生活中，不管是在恋爱关系还是普通的人际关系中，都会表现出过度的迎合。他们总是放低自己的姿态，为了让对方满意而委屈地改变自己。遗憾的是，这样全心全意地付出很难真正打动对方，更无法赢得对方的喜爱。真正的爱是有回应的，彼此相爱的人会接受对方最真实的模样，而不会一味地要求对方改变。既然过度付出只会导致自己贬值，我们当然要慎重地处理好恋爱关系，把握付出的限度，维护好自己的界限。

有一点是可以肯定的，即不管在什么类型的关系中，只靠这一方付出是无法维持长久的。一则是因为无限度的付出会使相爱的双方关系失衡，界限模糊；二则会使始终讨好的一方完全处于被动地位，总是由对方起主导作用。从本质上来说，这样的关系属于单相思，而非真正的爱情，得不到回应的关系注定不会长久。因为很难得到回应，始终付出的一方还会陷入焦虑之中，或者怀疑自己做得不够好，或者追问对方是否对自己不满意，这种紧张的关系往往导致双方都承受着巨大的心理压力，渐渐发展到彼此厌恶，关系破裂。

为了避免成为恋爱关系中地讨好者，我们要做到以下几点：

首先，重新设立界限。如果此前的界限已经消失，或者变得越来越模糊，那么一定要及时设立界限，这样彼此的行为才会有边界。在此过程中，不要压抑自己的真实感受，而是要把自己的真实感受说出来，让对方了解和明确。任何关系都是需要双方共同努力的，正如俗话说的"一个巴掌拍不响"，吵架如此，恋爱也是如此。

其次，要致力于提升自我价值。在恋爱关系中，"马太效应"具体表现为一方高高在上，另一方地位卑微。这使得自认为卑微的一方总是刻意讨好另一方，而另一方也就越来越觉得这是理所当然。与其花费时间和精力讨好对方，贬低自己，不如致力于自我建设，提升自我价值。当一个人足够优秀，自然就会吸引更多的追求者，也能够获得恋爱对象的尊重和珍惜。

最后，平等相处，互相尊重。尊重和平等，是建立一切人际关系的前提和基础，也包括恋爱关系。在恋爱中，男性与女性彼此吸引，是出于强烈的新鲜感。然而，随着时间的流逝，新鲜感渐渐褪去，就需要学会经营和维护关系。在相处过程中，尊重与平等是最重要的原则，是始终需要坚持党的原则。在爱情中，双方必须是平等的，没有高低贵贱之分，也不能因为各种条件的差异而出现彼此不尊重的情况。

总之，坚持以上三点，再结合自身相处的实际情况调整好恋爱的心态，才能营造良好的恋爱氛围，建立完美的恋爱关系。

与亲近的人保持适度距离

　　热恋中的男女仿佛浸泡在蜜罐里，就连呼吸都充满了浓情蜜意，又仿佛连体婴，不管走到哪里都不愿意分离，人们常常形容热恋中的男女如胶似漆、形影不离。在如此亲密无间的关系中，热恋中的人是否绝无矛盾呢？当然不是。每个人都是独立的个体，人与人之间存在很多差异，这就意味着不管在多么亲密的关系中，都有可能发生矛盾和分歧。

　　在心理学领域，"刺猬效应"尽人皆知。它的大概意思是说，在寒冷的冬日里，刺猬们感觉如坠冰窖，彼此靠近依偎着取暖。然而，距离太近，它们会被对方身上的刺扎伤。这个时候，它们只能选择彼此保持安全距离，如此一来，它们虽然安全，但是又感到寒冷。就这样，它们时而靠近取暖，时而彼此远离，随着反复次数的增多，它们最终找到了合适的距离，既能够依靠对方的体温取暖，又不至于被对方身上的刺扎伤，这就是刺猬的智慧。热恋中的人恰如两只刺猬，因为爱的本能想要互相靠近，又因为彼此的不同而产生矛盾，最终，他们只好划分界限，在界限的作用下保持适度的距离，从而融洽相处。

亚瑟·叔本华是德国大名鼎鼎的哲学家。他在著作中提出了"刺猬效应"，旨在告诉人们哪怕关系亲密，也要保持适当的心理距离，这样才能避免伤害彼此。在恋爱关系中，也应该遵从"刺猬效应"，这样相爱的人才能始终保持适度的距离，在保证安全的前提下相互取暖，相互靠近。

小雨正在参加大四实习，在实习单位，她认识了同事徐峥。徐峥 30 岁，正值而立，已经成了公司的中层管理者，可谓小有成就。更重要的是，徐峥英俊帅气，风度翩翩。在看到徐峥的第一眼，小雨就心动了，与此同时，徐峥也很喜欢浑身洋溢着青春气息的小雨。就这样，他们一见钟情，很快就确立了恋爱关系。只是因为小雨还在实习期，所以不敢公开与徐峥的关系，只能趁着休息的时候偷偷地约会。

周末，徐峥约小雨一起吃饭、看电影。在大学期间拒绝了无数追求者的小雨小鸟依人地靠在徐峥身边，挽着徐峥的胳膊，觉得自己是这个世界上最幸福的人。在长达半年的实习期里，他们只要一有机会就待在一起。在单位，他们尽管不敢明目张胆地恋爱，却会借助各种机会关心对方，例如，小雨会帮徐峥倒咖啡，徐峥会给小雨拿甜点。他们是那么热烈、专一，全身心地投入这段感情中。但随着时间的流逝，他们之间的新鲜感渐渐减弱了，彼此都有些厌倦。尤其是徐峥，因为担任中层管理职位，所以在工作的过程中难免要和女同事打交道，还经常需要应酬。因此，小雨的疑心病越来越重，经常询问徐峥下班后去了哪里，也经常暗自吃醋，这让徐峥感到身心俱疲，向小雨提出先分开一段时间，彼此都冷静冷静。小雨当然不愿意，但是她即将结束实习回学校准备毕业，也不得不与徐峥分开一段时间。

即使是在亲密的恋爱关系中，一味地亲近而不知道把握限度，也会导致彼此厌倦。在恋爱中，很多女孩都缺乏安全感，当看到自己的男友越来越优秀，她们就会草木皆兵，惶恐不安。对于这样的心理状态，女孩们一定要及时调整，要有意识地控制住自己时刻想要坚守对方的欲望，给予对方更多的自由空间。常言道，爱情就如手中的流沙，越是攥得紧，越是容易流失。聪明人不会死死地攥住爱情，而是像放风筝一样，顺风势松一松风筝线，让风筝飞到更高更远的天空中，只要线不断，风筝就会回来。

在恋爱关系中，过于黏着对方是缺乏安全感的表现。还有些人会刻意打探爱人此前的恋爱经历，不得不说，这是自找难堪的行为。每个人都有过往，与其揪着对方的过往，不如用心地经营好与对方的现在。由此可见，要想维持恋情，过度亲密并非明智的选择，反而有可能使感情土崩瓦解。最明智的做法，是设立让彼此都能够接受和维护的界限，学习刺猬保持好适度的距离，尤其不要触碰对方的隐私。在这个世界上，人心是最复杂难猜的，这是因为人心处于变化之中，人的想法更是千变万化。在受到外界刺激的时候，人还会产生很多无意识的行为和想法，对于心底里的想法，我们是不愿意告诉他人的，也不愿意被他人打探。因此，我们一定要控制住自己的好奇心，不要过度打探他人的隐私。此外，我们也应该把握好限度，不要把自己的隐私和盘托出，这样不但有助于保护彼此，而且能够保持一定的神秘感和新鲜感，可谓一举两得。

除了要设置心理界限，守护心理界限外，还应该设置物理界限。所谓物理界限，其实就是空间界限。热恋的情侣偶尔希望彼此之间是零距离，但是偶尔也希望彼此都能保留独自的空间。这就告诉我们，即使作为情侣，也没有必要每时每刻都在一起，每个人的生活中除了恋人，还要有其他人，例如，朋友、同事、同学等。唯有设立空间界限，才能避免因为过度亲近而出现相看两厌的局面。

总而言之，在亲密的恋爱关系中，我们既要重视对方，又要给予对方自由；既要与对方坦诚相见，又要保留彼此的秘密和隐私。即使再爱对方，也不要打着爱的旗号禁锢和约束对方，否则为了重获自由，这段无辜的爱情也许就会变成牺牲品。正如人们常说的"距离产生美"，这句话同样适用于恋爱关系。不管是何种类型的亲密关系，都要保持适度的距离，才能长久地发展。

不过度依赖他人，保持相对独立

很多家庭里都只有一个孩子，这使父母把孩子视为掌中宝，含在嘴里怕化了，捧在手里怕摔了。对于孩子的人生，父母更是心甘情愿地肩负起规划和实施的重任，恨不得替孩子铺好人生的每一条道路，再保护孩子走好人生的每一步。长此以往，孩子习惯了父母无微不至地照顾，就会越来越依赖父母，即使长大成人，也很难真正地走向独立。

小时候，孩子对于外部世界缺乏了解，常常感到恐惧，这时依赖父母属于正常现象。在依赖父母的过程中，孩子与父母之间会建立起亲密无间的关系，也因此而感到心安，获得安全感。但是，随着孩子不断长大，自我意识逐渐觉醒，孩子从依赖父母转变为渴望独立。在此期间，如果父母不愿意放手，就会与孩子之间爆发矛盾。父母要学会给予孩子更多的空间去成长，也给予孩子更多的机会去亲自尝试和验证，这样才能培养出独立的孩子。

长大成人之后，孩子走出家庭和学校，步入社会，面对的人际关系越来越复杂。他们既要处理好与家人的关系，也要处理好与同事、朋友的关系，在某些情况下还不得不与竞争对手打交道。面对错综复杂的人际关系，为了获得安全感，也为了更好地生存下去，就要寻找新的依赖对象，建立新的关系，并重新关系中汲取力量。然而，无论是哪种形式的依赖，都要以建立界限为前提，否则，孩子又要经历一次艰难剥离的过程，就像当初艰难地离开父母一样。

在界限范围内，孩子可以适度依赖他人，这样的依赖不至于成为习惯，也不至于让孩子无法独立。但是，一旦超过了限度，孩子就会完全依附于他人，自己的情绪感受等都受到他人的影响，渐渐地迷失自我。过度依赖他人，会使孩子失去自主性，还会出现心理失调的现象，毫无疑问，这对人的成长是极其不利的。一个人如果始终处于这样的状态，就很难成长。例如，在夫妻关系中，一方过度依赖另外一方，长此以往就会迷失自我，失去独立生存的能力，在家庭生活中也会缺乏相应的地位，陷入被动的状态，这对于维护夫妻关系、经营家庭生活都是不利的。

蒋月曾经是一名幼儿园老师，自从认识了丈夫后，就辞职在家专心做家庭主妇，后来结婚怀孕生子，每天忙忙碌碌，再也没有踏足职场。当初，为了说服蒋月辞职，丈夫可费了一番口舌，从各个方面摆事实讲道理，才终于说得蒋月动了心。丈夫还信誓旦旦地说："蒋月，你放心，以后我养着你。我知道你辞职是为了咱们的家做出牺牲，我不会忘记的。以后你掌管家里的财政大权，我给你打工，每个月给我发放多少零花钱，全部由你说了算。"蒋月被丈夫的这番话冲昏了头脑，想到自己辛苦一个月只能赚三千元，的确付出与收获不成正比，也就同意辞职了。

从此之后，年纪轻轻的蒋月就过起了家庭主妇的生活。孩子出生后，经济压力陡然增大，她不得不精打细算，乘坐公交车去离家很远的菜市场采购，只为了能节省一些钱。她已经很久没有买新衣服了，穿着褪色的旧衣服，她觉得自己真的成了黄脸婆。这些都是可以忍受的，最让她无法忍受的是丈夫的态度。在让蒋月掌管了几个月的财政大权后，丈夫就以自己需要花钱应酬为由，收回了财政大权。从此之后，蒋月手里只有买日常食材的钱，就连给孩子买衣服都需要丈夫特批。偶尔，蒋月对生活的现状感到不满，发发牢骚，丈夫马上就会反驳道："多少女人为了生活奔波忙碌，你留在家里带孩子，不需要为生计发愁，这已经是最大的幸福了。"蒋月除了深深地叹息，不知道自己还能说些什么，因为一切都是她自己的选择。前段时间，蒋月发现丈夫有了外遇，愤怒地提出了离婚，不想，丈夫却不以为然地说："离了婚，你怎么生活呢？"只是这样一句轻飘飘的话，就让蒋月信心全无了。

蒋月是一个缺乏主见的人，所以才会在丈夫请求她辞职的时候，失去了主意，丢掉了工作。如果她能坚持自我，拒绝辞职，那么就不用这样依附于丈夫，也不会失去独立生存的能力。感情是很神奇的，在情深的时候坚如磐石，一旦破裂，就会变得不堪一击。

夫妻，不但是人生伴侣，也是一起努力奋斗的战友。在每一个家庭里，夫妻都要齐心协力为家庭做出贡献，才能合拍，也才能在并肩作战的过程中加深感情。否则，只靠着一方的付出，一则家庭经济情况会很紧张，二则夫妻之间也会出现巨大的差距，导致感情破裂，关系交恶。这当然是我们所不想看到的。既然如此，每个人都切勿依赖自己的爱人生活，更不要把生活的重担全都放在爱人身上。这么做不但会削弱自己独立生存的能力，还会使自己陷入焦虑的状态，每时每刻都担心会被对方抛弃，也害怕自己的人生失去了依赖无以为继。

从这个意义上来说，在亲密关系中，当我们对对方的依赖越来越深时，就要及时对自己进行心理调节和心理干预，这样才能避免发展为过度依赖。具体来说，要做到以下几点：首先，不要否定自己，更不要贬低自己，而是要客观地评价自己，看到自己的优势和长处，肯定自己的能力。其次，在一切形式的人际关系中，都要设立情感界限，不要一股脑地把所有感情都倾注到某个人身上，从而迷失了自我。再次，建立良好的关系模式，准确地对自己定位，掌控与他人之间的关系。最后，勇敢地承担起属于自己的责任。人是社会的组成部分，每个人都肩负着社会责任。面对属于自己的责任，切勿逃避和退缩，要勇敢地面对。在坚持承担责任的过程中，我们原本稚嫩的思想会变得越来越成熟，我们原本单纯的人生会变得越来越丰富，渐渐地，我们就成了真正的强者。

在婚姻中，不做无反应者

前文说过，在亲密关系中，我们既要与对方相互靠近，又要与对方保持安全距离，这样才能以合理的界限维持健康的关系。婚姻关系是亲密关系的一种，现代社会中，很多人的婚姻状况都会出现各种各样的问题，不少人为此苦恼。那么，怎样才能经营好婚姻关系呢？除了要遵循普通亲密关系的界限，还要守住一个重要的界限，即不当无反应者。所谓无反应者，不是指失去了听力或者理解能力，而是指无视对方的需求，从不回应对方。仅从表面来看，无反应者只是反应迟钝而已，而从本质上来看，无反应者破坏了夫妻关系的界限，使夫妻关系面临土崩瓦解的危机。

深入地分析夫妻关系，我们会发现，无反应者对于自己的责任是很陌生的，因此，他们也就不可能承担起属于自己的责任。对于这样的现状，他们无知无觉，也不会主动承担责任，长此以往，婚姻关系就会持续恶化。在民政局的离婚窗口可以发现，很多夫妻之所以选择离婚，并没有不可调和的矛盾或者是无法解决的难题，常常只是因为性格不合、感情破裂，这意味着夫妻的沟通出现了严重问题。如果能够早一些了解无反应者的各种表现，避免成为婚姻中的无反应者，就能有效地改善婚姻状况，甚至拯救岌岌可危的婚姻。

　　小蕾和丈夫德江已经结婚十年了，孩子都八岁半了，正在读小学三年级。在外人看来，他们的婚姻是很幸福的，小蕾是一名小学老师，德江是一名医生，他们从事的职业都是受人尊敬的，拥有很高的社会地位，收入也颇为可观。正是这样人人羡慕的夫妻，却有着不为人知的苦恼，也使小蕾动起了离婚的念头。究竟是怎么回事呢？原来，小蕾总是觉得很压抑沉闷，有满腹心事却无人诉说。

　　德江的工作经常需要值夜班，即使在不值夜班的日子里，德江也只想蒙头大睡，好好休息。每当看到德江在家休息既不买菜做饭，也不打扫卫生，更不辅导孩子写作业时，辛苦工作一天的小蕾就气不打一处来。她不止一次地抱怨德江："真不知道我当初怎么看上你了，以后咱们女儿找对象可千万不能找医生，家里什么事情都帮不上忙，里里外外都靠我一个人！"面对小蕾的抱怨，德江总是一笑了之。有的时候，小蕾想与丈夫聊聊天，德江也懒得做出回应。这天傍晚回到家里，小蕾说道：

"今天不知道怎么了，腰疼死了，头也昏昏沉沉的。"然而，她的话说完了，德江一点儿反应都没有，作为医生的他甚至不愿意问问小蕾具体哪里不舒服、怎么不舒服。小蕾又叨咕一遍，德江却只说了几个字："改天去医院看看吧。"就没了下文。其实，小蕾只是想得到德江的关心。她心灰意冷，给孩子点了外卖当晚餐，就去睡觉了，一夜无话。次日早晨，她拖着疲惫的身体如同往常一样喊孩子起床，送孩子上学。她告诉自己：我就当自己是离异吧，反正有丈夫和没丈夫是一样的。从此之后，小蕾越来越不愿意沟通，与德江形同陌路。终于，小蕾提出了离婚，德江大吃一惊，因为一直以来他都觉得自己的家庭生活很美满幸福，所以完全不知道问题出在哪里。

德江是典型的无反应者。所谓无反应，并非单纯是对他人的话无动于衷，不作回应，也包括虽然对他人的话作出了回应，却没有抓住对方的心理需求，也没有积极地满足对方的心理需求。这样的沟通是无效的，会让主动沟通的人渐渐失望，直至完全放弃。

现实生活中，很多夫妻的婚姻都会出现这样的问题，具体表现为冷漠、彼此漠不关心、沟通流于表面，不能触及深层次的心理和情感问题。长此以往，夫妻感情就会变淡，甚至走向离婚的结局。常言道："冰冻三尺，非一日之寒。"对于夫妻而言，感情升温需要过程，感情降温更需要过程。所以，及时地觉察婚姻中出现的问题，才能第一时间抓住问题，解决问题。

在婚姻关系中，要想维护界限，就要避免过度关心与过度控制，与此同时，也要避免出现漠不关心的情况。要想经营好家庭，就要保持有效沟通，既要用心，也要真心，还要倾心。

从心理学角度来说，可以把无反应者分为两种类型：第一种类型的无反应者过度关注自己的需求和欲望，而忽略了对方的需求；第二种类型的无反应者则很畏惧对方向自己倾诉，因为他们不想因此承受心理压力。这其实都是一种逃避的态度。通常情况下，无反应者都是自私的，他们表现得非常冷漠，认为自己对家庭承担的责任有限，而把大部分责任都推卸给配偶。例如，有些丈夫认为自己负责赚钱养家，就理所当然地认为妻子应该相夫教子，做好除了工作之外的所有事情。不得不说，这对妻子而言是不公平的，再退一步讲，妻子很难具备足够的能力搞定所有的家庭事务。在这种心态下，夫妻之间的界限是僵硬的，是缺乏弹性的。有弹性的界限表现为：丈夫即使负责赚钱养家，也要分担一些家务，尤其是要承担起陪伴和照顾孩子的重任，这要求丈夫要对妻子有同理心，理解妻子的辛苦和不容易，主动为妻子提供帮助。

此外，良好的婚姻关系是要以沟通为基础的。夫妻之间一旦缺乏沟通，就失去了心与心连接的桥梁，很难避免渐行渐远的情况发生。在沟通的过程中，既要倾听，也要共鸣，还要回应对方，换位思考。家是一个共同体，每个家庭成员都要主动地承担家庭责任，及时地给予对方响应，才能避免疏忽责任，避免关系失衡。想要成为合格的伴侣，就需要用心相处，用爱浇灌感情，也用界限作为夫妻关系的杠杆，起到良好的调节和平衡作用。

家庭生活中要避免关系入侵

在很多家庭里，父母忙于工作，没有时间抚育孩子，因此爷爷奶奶或者姥姥姥爷就承担起了抚育孩子的重任，这就形成了隔代育儿的普遍社会现象。对于忙碌的父母而言，有老人帮忙照顾孩子当然是很幸运的，但是有些问题也会随之产生。细心的人会发现，在有老人的家庭里，针对教育孩子这个问题，往往会界限不清，也就是出现隔代卷入的现象。具体来说，养育和教育孩子原本是父母的责任，现在却因为爷爷奶奶或者姥姥姥爷的参与，使界限变得模糊。大多数爷爷奶奶或者姥姥姥爷一边照顾孩子，一边教育孩子。尤其是当孩子的父母声色俱厉地批评孩子时，老人总会忍不住要护着孩子，责怪父母不该对孩子这么严厉。由此一来，孩子就会钻空子，借助祖辈袒护自己，对父母的教育表示反抗。很多家庭里都出现过教育大战的情况，即原本是父母教育孩子，却因为爷爷奶奶或者姥姥姥爷的参与，而变成了一场混战，最终多方俱伤，没有一方真正获得好处。一方面，因为有了爷爷奶奶或者姥姥姥爷的祖护，孩子变本加厉，使父母教育的效果大打折扣；另一方面，爷爷奶奶或者姥姥姥爷与父母的关系会变得紧张，还有可能因此留下嫌隙。可见，家庭生活中的关系入侵危害很大。

那么，如何才能避免家庭生活中的关系入侵呢？有人认为，养育孩子是父母的责任，不该要求长辈帮忙。但从现实的角度来说，年轻的父母既要工作，又要照顾孩子，的确分身乏术。如果让父母辞掉工作专心照顾孩子，那么家庭收入又会锐减，影响家庭生活的质量。在必须请老人帮忙照看孩子的情况下，就要设立界限，让父母与祖辈各司其职，不要干涉对方的权利，就能避免关系入侵。具体来说，祖辈负责照顾孩子的吃喝拉撒和玩耍，父母负责孩子的学习和教育。最好能够提前约定不同家庭角色的责任和义务，分工明确，密切合作，既能保证每个人都做好自己的分内之事，又能避免关系入侵现象。

在很多家庭里，三代人一起生活，就像一锅黏糊的粥不分彼此，看似亲密无间，实则关系混乱，界限模糊。要想从根本上杜绝这种情况发生，首先，年轻的夫妻作为家庭的主体，必须在心理上、情感上、经济上和养育孩子上都保持独立；其次，即使邀请老人帮忙照顾孩子，也要明确每个家庭角色的责任和权利范围，避免出现卷入现象；再次，保持家庭结构的稳定，即年轻夫妻是家庭主体，老人只起到辅助的作用，而不能取代年轻夫妻掌管家庭事务；最后，只有分工细致，才能合作密切，如果没有分工，就会出现混乱的情况，每个人都不知道自己的职责所在，自然会发生越界。只要能够从上述四个方面防患于未然，就能避免发生隔代卷入的关系入侵现象，使家庭生活更加井然有序。

结婚一年后，小敏和高明迎来了第一个孩子。看着嗷嗷待哺的小生命，他们既感到喜悦，也感到担忧，因为他们的收入都不高，没有能力专门留下一个人在家里照顾孩子。无奈之余，小敏和高明只好邀请公婆来帮忙照顾孩子。得到小敏和高明的邀请，公婆非常高兴，立即把家里的土地承包给了别人，收拾了简单的行李就来到了城市里，和儿子一家三口共同生活。

刚开始时，小敏很感谢公婆能够长途跋涉，来帮助他们养育孩子。但是随着相处的时间越来越长，小敏发现婆婆在养育孩子方面存在很多问题，所以针对这些问题与婆婆进行了沟通。不想，婆婆压根不愿意听小敏的，反而生气地反驳道："高明从小就是这么长大的，不也长得很好吗？你这就是故意挑我的刺！"小敏被婆婆曲解，感到很郁闷，又不能没有婆婆帮忙，只好忍气吞声。随着孩子一天天长大，教育孩子的问题日渐凸显出来。好几次，婆婆带着孩子在小区广场上玩，都因为护短与邻居发生矛盾。得知情况，小敏知道是婆婆做得不对，又不好直接教育婆婆，因而只能教育孩子。但是看到孩子被小敏训哭，婆婆就马上冲过来护着孩子，还指责小敏是杀鸡给猴看。看到婆婆胡搅蛮缠，又发现孩子变得越来越骄横跋扈，小敏只好与高明商量着提前把孩子送到幼儿园去，交给老师教育。不想，公公婆婆强烈反对，还以回家要挟他们。最终，小敏只能狠下心来辞掉工作，亲自照顾孩子。

小敏家里就出现了关系入侵的现象，即公公婆婆仗着帮忙照顾孩子，取代了小敏和高明作为父母的地位，不允许他们对养育孩子、教育孩子的事情提出意见。这当然是错误的，因为没有任何人能取代真正的父母。在意识到问题的严重性之后，小敏只能狠心辞掉工作，毕竟妈妈要对孩子的成长负责，而不能只关注工作。

在三代同堂的家庭里，除了在照顾和教育孩子方面容易出现矛盾，年轻人与老人的相处方面也会矛盾丛生。作为年轻夫妻，切勿在把孩子交给老人照顾后就当起甩手掌柜，而是要承担起主要的育儿责任，让老人担任辅助的作用。此外，最好提前与老人进行充分的沟通，明确照顾的标准和教育的原则。一旦确定了养育孩子的大方向，对于细枝末节的问题就不要过于纠结，更不要斤斤计较，否则就会引起老人的反感。换言之，老人要遵守界限，年轻人也要遵守界限，只有双方都遵守界限，家人的相处才会更加和谐融洽。

除此之外，老人需要注意的是不应溺爱和袒护孩子，年轻父母需要考虑到老人对孩子的疼爱心理，尽量不要当着老人的面严厉训斥孩子，以免激发家庭矛盾。在一个家庭里，家庭成员越多，越容易发生矛盾，既然如此，就要未雨绸缪，把矛盾消除在产生之前。需要注意的是，界限不是单方面决定的，否则被设定界限的一方就会感到难以接受。家不是一言堂，不管是老人还是年轻人，都要本着互相尊重、平等对待的原则进行协商，消除分歧，这样才能设立大家都愿意遵守的界限，也让界限切实产生作用。

拒绝父母的过度操控

在这个世界上，每个人都是独立的生命个体。新生命呱呱坠地，因为自身孱弱，所以只有接受父母无微不至的照顾才能茁壮成长，但是随着不断成长，他们的自我意识在觉醒，也就产生了想要摆脱父母的渴望。面对日渐长大的孩子，如果父母不能跟随孩子成长的节奏，适时地对孩子放手，就会与孩子之间产生矛盾，引发争执。在父母的心目中，孩子还是孩子，依然需要照顾和管束；在孩子的心目中，他们已经长大了，不需要父母无微不至地照顾自己，事无巨细地管着自己了。要想消除由此产生的矛盾，父母和孩子都需要调整心态，尤其是父母要跟上孩子成长的脚步，给予孩子更大的自由空间去成长。从孩子的角度来说，可以抓住各种机会设立界限，并让父母明确界限，这样才有助于亲子相处。

所谓自主，是一种人生的状态，自主者独立于他人，不受到他人的支配，在认知、态度和情感、情绪和行为上，都能够彻底摆脱他人的限制。在一岁前后，婴儿戒断母乳，这是与母亲的第一次分离，然而，真正的分离是在进入青春期之后。青春期孩子的独立自主意识越来越强，他们不愿意继续依赖于父母，迫不及待地想要摆脱父母的管束，想要靠着自己独立完成很多事情。在那些有界限感的家庭里，父母会及时对孩子放手，让孩子享受更大的自由。然而，在缺乏界限感的家庭里，父母依然停留在孩子小时候，不断地安排和控制孩子的生活，对孩子的生活指指点点，无形中就压制了孩子的自主意识，遭到孩子强烈反抗。

父母这么做看似是在爱孩子，实际上却阻碍了孩子的自我成长。因为长期依附于父母，孩子会失去自我选择的能力，不得不凡事都听命于父母的安排，也为此承受着巨大的心理压力，影响人格的形成。明智的父母会及时放手，引导孩子渐渐地走向独立。正如一位名人曾经说的那样："在这个世界上，除了父母对孩子的爱，其他所有的爱都是以相聚为目的的。但是，父母对孩子的爱以分离为目的，父母精心养育孩子，把孩子养大成人，目的就是希望孩子有朝一日能够离开父母的身边，过属于自己的独立生活。"

从小到大，柔柔都是乖乖女，她对父母言听计从，从来不会违背父母的意愿。一直到大学毕业，柔柔被压抑的自我意识突然觉醒了。虽然父母为她在家乡安排了一份人人羡慕的工作，但是她却坚决要留在读大学的城市工作。即使父母不远千里赶来说服她，她也不为所动。其实，柔柔是故意要留在外地生活的，这是因为她今后想过不被父母干涉的人生。作为一个女孩儿，离开了熟悉的校园，独自进入社会闯荡，谈何容易。柔柔吃了很多苦，但是从未感到后悔。她进入一家培训机构当了老师，每天都要完成繁重的授课任务，即使周末也不能休息，反而要更加辛苦地从早到晚一直上课。有的时候，爸爸妈妈打电话询问她过得好不好，她总是咬紧牙关说自己过得很好，让爸爸妈妈不要惦记。柔柔暗暗地想：虽然生活很苦很累，但是自己做主的感觉真的太好了。

后来，柔柔认识了小李，很快就与小李确定了恋爱关系。当柔柔高兴地把这个消息告诉父母时，父母却以小李家境贫寒为由，坚决要求柔柔和小李分手。柔柔果断地拒绝了，她说："我们可以一起努力奋斗改变命运。"最终，柔柔不顾父母的反对和小李结婚了，事实证明，小李的确是一个很有上进心，也值得依靠的孩子。经过十几年的打拼，他们在城市里安了家，还把父母接到身边享福。直到此时，父母才愿意承认柔柔当初的选择是对的，也以柔柔为荣。

在大学毕业之际，如果柔柔在父母的安排下回到家乡工作，那么必然也会接受父母的安排，按部就班地恋爱、结婚、生子。柔柔想过由自己掌控的人生，因而放弃了人人羡慕的好机会，选择了一条更为艰难的道路。也正因如此，她才能在自己的生活与父母的生活之间保持界限，实现真正的独立自主。对于柔柔而言，这是至关重要的决定，代表着她在真正意义上走向了独立。

要想实现独立自主，我们就要做到以下几点：第一，要与父母设立界限，从原生家庭里脱离出来，摆脱父母的呵护与照顾。第二，要融入外界环境，独立面对各种决策，应对各种困境。所谓独立，既包括精神上的独立，也包括经济上的独立，啃老族是无法实现真正独立的。第三，要拥有成熟的内心，掌控自己的情绪和行为，拒绝父母的控制和影响，在必要的情况下，哪怕违背父母的意志，也要坚定不移地做好自己。第四，肩负责任，对自己的人生负责。真正独立的人既能够自主地做出选择，也能够承担自己的责任。

学会求助，获得助力

　　每个人的能力都是有限的，没有人能够只凭着自己的能力就面面俱到地处理好所有事情。这意味着在面对艰巨的任务时，要学会求助，这样才能获得来自外界的助力，圆满地完成任务。然而，有些人很不愿意求助他人，或认为这是自身无能的表现，或认为这会给他人添麻烦，或担心因此就欠下人情债。所以，他们选择一个人默默承受，哪怕不得不面对不尽如人意的后果，他们也在所不惜，这其实是人际交往界限僵硬的表现。和那些总是对他人提出不情之请的人相比，这样的人显然太过自尊，也恪守着僵硬的界限，使得自己错过了很多成功的机会。

　　在人际关系中，寻求帮助是很常见的。每个人都有可能需要得到帮助，也常常有机会帮助他人。不敢求助他人的人有着怎样的心理呢？他们常常害怕被拒绝，担心因此而受到伤害。的确如此，所有的求助都面临着两种结果：一种结果是如愿以偿得到帮助；另一种结果就是被他人无情地拒绝。有些人心理承受能力比较差，他们认为被拒绝是一种挫败，因而无法接受。有些求助者自视甚高，认为有求于他人表明了自己的能力是有短板的，担心因此降低了自己在他人心目中的地位，这其实是缺乏自信的表现。还有些人在人际关系中一直占据优势地位，不想为了得到帮助就失去优势地位，更不想因为得到他人的帮助就亏欠他人，这样僵硬的界限使他们的人际关系很贫瘠，与人相处的感情也很淡漠。其实，人情就是用来"欠"的，在互相帮助的过程中，恰恰可以增进关系，加深感情。此外，还有人害怕自己太过莽撞，触碰了他人的界限，伤害了与他人之间的关系。正是因为以上的这些原因，很多人才不愿意向他人求助。然而，从界限的角度来看，学会求助恰恰表明了设定界限的恰到好处。

大学毕业后，小雅没有服从分配回家乡做一名乡村小学教师，而是背起行囊来到了繁华的大都市。她原本只想找一份工作踏踏实实地干着，体验与乡村生活不同的城市生活。然而，找工作比她设想中的难多了，眼看着从家里带来的几千元钱快要花光了，她还没有找到合适的工作。这个时候，小雅想起了远房表姐楠楠。楠楠比小雅大几岁，早几年就来了城市打拼，听说如今已经是一家公司的项目负责人了。小雅心想："要是楠楠愿意把我介绍到她的公司，我的难题就迎刃而解了。但是，如果楠楠不愿意帮我，拒绝了我，那我就太尴尬了，以后都没法再与楠楠见面了……"这么思来想去，小雅还是没有下定决心给楠楠打电话。看着钱包里的钱越来越少，她真担心自己走投无路啊！

对于小雅来说，向楠楠求助是当下最好的选择，一则很多用人单位都需要招聘新人，如果小雅勤奋肯干，符合公司的用人要求，那么楠楠在帮助小雅解决工作问题的同时，也为公司招聘了新人。二则对于小雅而言，即使被楠楠拒绝，也并没有什么损失，更谈不上丢面子。可见，小雅之所以迟迟不能下定决心向楠楠求助，根本的障碍还是在于她的心理，是她的界限太过僵硬。其实只要能过得了自己这一关，说不定给楠楠打一个电话，困扰小雅的难题就迎刃而解了。

通常情况下，那些能够明确人际界限的人，能更坦然地向他人求助。反之，不能明确人际界限的人，则常常会被各种各样的想法困扰，受制于自己的内心，无法抓住各种契机扩大社交圈。要想积极地求助于他人，就要打破自己心中的心理障碍，勇敢地说出自己的诉求。我们还要认识到，他人表示拒绝并非是在否定自己，更不要因此影响自己与他人之间的关系。在求助他人之前，为了避免给他人添麻烦，或者使他人感到为难，要确定自己的请求不会超越对方的界限。此外，在表达请求的过程中要注意措辞，最好给对方留好拒绝自己的台阶，让对方拒绝的时候不至于那么为难。我们应该预先评估求助对象的实力，不要提出超出对方能力范围的请求。例如，对于同一件事情，有人认为是很容易完成的，有人却会认为具有很大的难度。因此，要想提高求助的成功率，一定要选择合适的求助对象。在得到对方的帮助后，一定要真诚地表示感谢，也要在对方有需要的时候积极地帮助对方，这样才算是礼尚往来，有助于维持良好的人际关系。

总之，好人缘都是处出来的。为了与他人建立起良好的互帮互助的关系，在有需要的情况下，我们要酌情求助于他人；在得到他人的求助时，我们也要慷慨地帮助他人。只有有来有往，我们才能增进与他人的关系，加深与他人的感情，使我们与他人之间的关系得到促进和发展。

第四章
明确情绪界限

◀━━━━━━━━━━━━━━━━━━▶

　　人是情绪化的，每时每刻都会产生情绪，有些人很容易受负面情绪的影响，变得沮丧绝望；有些人则一旦产生正面情绪，就会变得亢奋激进；还有些人会受到他人情绪的影响，改变自己的心绪。在人际相处中，要明确情绪界限，才能保护自己的情绪，让内心保持稳定的状态。

明确情绪界限，保护情绪

通过前文的阐述，很多朋友都大概了解了界限，也知道了界限的重要性。但是，对于确定界限，明确界限是否被侵犯的相关问题，大家可能依然有很多疑惑。其实，对于界限是否遭到入侵这个问题的判断，答案在每个人的心中，就像是对于幸福的定义是主观的一样，对于入侵界限这个问题的回答也是主观的。

通常情况下，当界限被入侵时，我们会产生糟糕的感受。有的时候，他人不但会侵犯我们的界限，还会侵犯我们的底线，针对这样的情况，一定要正视自己的感受，明确自己的确受到了侵犯。只有以此为前提，我们才会积极勇敢地捍卫自己的界限。

面对他人侵犯界限的行为，首先，我们要明确问题的严重程度；其次，我们要采取有效的措施维护自己的界限；最后，我们要正视自己真实的感受和想法。在此过程中，我们会产生复杂多变的情绪，不要否定和压抑自己的情绪，而是要正视和接纳它们，这才是解决问题的关键所在。例如，在婚姻生活中，有些女性不能忍受丈夫一句重话，有些女性却始终默默承受丈夫的家庭暴力，还努力说服自己继续维持婚姻的状态。由此可见，界限问题是因人而异的，每个人的接纳程度和承受程度都是不同的，所以要更加关注自己的内心，关注自己的情绪和感受，了解真实的自己。

前文，我们阐述了心理界限、物理界限、关系界限，接下来，我们要阐述情绪界限。说起情绪界限，很多朋友都感到疑惑：情绪也有界限吗？当然，情绪也是有界限的。在现实生活中，我们每时每刻都在面对情绪问题。一方面，我们会把自己的情绪投射到他人身上，对他人产生影响；另一方面，我们也会受到他人的情绪影响，使自己的心境发生改变。这意味着我们既有可能侵犯他人的情绪界限，也有可能被他人侵犯情绪界限。因为情绪一直在发生，所以我们有可能会对情绪界限无所觉察，也就不能意识到自己侵犯了他人的情绪，或者无法意识到自己的情绪被他人侵犯了。相信在了解到情绪界限的存在之后，我们对于这类问题会更加关注，也会更加重视。

从心理学的角度分析，不管是侵犯他人的情绪，还是被他人的情绪影响，置身于交叉的负面情绪之中，我们都会感受到痛苦。要想避免这种情况发生，就要提升掌控情绪的能力，先从控制自身情绪着手，避免情绪崩溃。有些缺乏情绪掌控力的人堪称是行走的情绪火药桶，与他人交流时一言不合就生气，就情绪失控，不但自己痛苦，也使他人感到不适。最重要的是，他们不仅自己情绪崩溃，还会对他人大发雷霆，使得自己的周围瞬间弥漫起负面情绪的硝烟，常常殃及无辜。

相比之下，那些能够控制情绪的人则更加平和，更受欢迎。他们知道自己是可以选择感受的，所以哪怕面对一件糟糕的事情，也能很好地控制自己的情绪。和情绪失控者认为自己是被害人不同，他们会主动承担起掌控情绪的责任，认为自己有责任从源头上控制情绪的产生，所以也就能够认清情绪产生的根源，拥有强大的情绪自控力。与拥有情绪自控力的人相处是幸运的，因为他们总能掌控情绪，让自己与身边的人都保持平和的心境。

每个人都应该更加深入和理性地分析情绪，认识到并非是事件本身导致了我们的情绪失控，而是对待事情的态度和看法，使我们产生了不同的情绪。从这个意义上来说，我们完全可以选择用更好的情绪应对同样的事情。例如，孩子考试成绩不理想，是选择勃然大怒，歇斯底里地训斥孩子，还是选择心平气和，和孩子一起分析考试出现问题的知识点，查漏补缺，这是两种不同的情绪状态，也决定了事情的结果是不同的。崩溃地与孩子大吵之后冷静下来，我们必然会感到懊悔，也认识到自己完全可以采取不同的态度对待孩子的成绩，毕竟就算是崩溃也不能改变已经成为事实的考试成绩。由此可见，要想掌控情绪，就不要寄希望于改变外界的人和事情，而是要改变自己的内心，调整自己的心态，必要的情况下，还要调整价值观和信念，才能引发一连串的改变。

除此之外，每个人独特的生活经历、人生经验，也决定了他们面对各种事情的态度，从而间接决定了他们的情绪。那些经历过人生大风大浪的人，不会因为一些微不足道的小事大惊小怪，而是很笃定淡然。反之，一个人如果始终生活在顺境中，那么只要经历小小的挫折和不如意，就会怨声载道，也会出现情绪起伏。

情绪有积极的，也有消极的。其实，情绪本身没有好坏，我们区分情绪是积极还是消极，是以情绪引发的后果为标准进行界定的。我们要接纳不同的情绪，认可情绪的价值和意义。此外，我们还要明确情绪界限，既掌控好自己的情绪，也保护好自己和他人的情绪。

正确看待负面情绪

　　说起负面情绪，很多人都怀有抵触和抗拒心理，认为负面情绪一无是处，是该遭到批判和摒弃的。实际上，这种想法大错特错。负面情绪对于生命是至关重要、不可缺少的。人只有学会接纳和处理负面情绪，及时地消除负面情绪，情绪才能保持良性运行的状态。反之，如果发自内心地抗拒负面情绪，又长期把负面情绪压抑在心中，那么负面情绪就会不断累积，最终由量变引起质变。因此，我们要正视自身发泄情绪的合理需求。很多人对于负面情绪都存在误解，认为负面情绪是不应该产生的，所以一旦觉察到负面情绪的存在，就会采取逃避、推卸责任的做法，这样的选择是极其糟糕的。情绪是主观的产物，产生于我们对待具体事件的态度，既然我们选择了情绪，那么就要面对和接纳情绪，也要学会独自处理情绪。

　　在自行处理情绪的过程中，我们要意识到，情绪产生的根源是我们自身，也要意识到负面情绪就是情绪的排泄物，是需要每个人妥善处理的隐私问题。这样，我们就能避免随意地把负面情绪发泄到他人身上，或者把产生负面情绪的责任推卸给他人。从心理的角度来说，没有人喜欢被动地接纳他人的负面情绪，或者因为他人负面情绪的影响而导致自身情绪糟糕。为了避免这种尴尬的情况，一定要设立情绪边界。这不仅可以帮助我们保护自己的情绪，不被他人的负面情绪影响和污染，也可以帮助我们明确自己的行为界限，避免在冲动之余不管不顾地对他人宣泄负面情绪。

需要注意的是，对于负面情绪，宜疏不宜堵。很多人都知道大禹治水的故事，也知道大禹为了治理水患耗费了漫长的时间和大量的精力，三过家门而不入。大禹最开始治理水患沿袭父亲鲧的做法，采取堵塞的方式试图对洪水围追堵截。后来，他从失败中汲取经验和教训，意识到治理水患宜疏不宜堵，因而改变了思路和方法，采取疏通的方式。正是因为如此，大禹才能成功地治理水患，让老百姓过上安稳的生活。对待负面情绪恰如治理水患，如果只是采取堵塞的方式试图压抑负面情绪，那么最终必然导致事与愿违，正确的做法是以疏通为原则，采取合适的方法疏导负面情绪。当负面情绪积压过多或者非常强烈时，可以找到合适的宣泄渠道，及时进行宣泄。否则，如果负面情绪始终压抑在内心，心理也会患上疾病。所以，如何以合理、健康的方式把负面情绪宣泄出去，让身体和心灵都感到放松，这是很重要的。总体来说，面对负面情绪，我们要采取正常的方式表达，不要带着愤怒等情绪消极地沟通，这样才能在自己与他人之间架设起沟通的桥梁，促进交流，保证交流的效果。除了要正常表达外，还要做到及时觉察和主动释放。对于自身的情绪状态，很多人都采取忽视甚至是漠视的态度，认为心情不好没关系，过段时间就好了，这是对自己的不负责任。现代社会，越来越多的人把负面情绪淤积于心，导致患上了诸如抑郁症、躁郁症、躁狂症等严重的心理疾病，危及生命。每个人都关注身体健康，但有些人会忽视心理健康，其实，心理健康与身体健康是同样重要的。

通常情况下，我们可以采取以下方式宣泄负面情绪。例如，在生气的时候运动、做自己喜欢的事情、向好朋友吐槽等。这些方式不会危害他人，却能缓解和释放情绪。此外，还可以爬到山顶上大声地喊叫，随着身体能量的释放，仿佛负面情绪也宣泄出去了。有些女性一旦心情不好，就选择做家务，或者是逛街购物，这都是很好的疏导方法。每个人都可以根据自身的情况，选择适合自己的方式疏导情绪，而不要把负面情绪压抑在心中，等待负面情绪自行消散。

现实生活中，每个人都有各种各样的不如意，也有各种各样的烦恼，这是正常的人生经历。正如人们常说的："人生不如意十之八九。"既然如此，我们就不要总是为这些不如意而否定自己、否定人生了，而是要鼓起信心和勇气，满怀热情，做好自己该做的事情，全力以赴创造自己的美好未来。

幸运的是，随着时代的发展和社会的进步，越来越多的人开始注重心理健康，也开始关注自身的情绪。此外，很多人都开始正视心理问题，接受心理医生问诊，而不再一提起心理疾病就讳疾忌医，这使更多患上心理疾病或者出现严重情绪问题的人学会了求助，也有了明确的求助对象。当然，凡事都该防患于未然，对于每个人而言，最好的方法就是主动进行自我疏导，帮助自己始终保持良好的心境和愉悦的情绪，这样就能避免被负面情绪打倒，也可以真正成为自己情绪的主人。

学会梳理和合理宣泄情绪

面对情绪，很多人都特别惊慌，因为他们不知道该如何对待情绪，更不知道应该采取怎样的方法才能有效处理情绪波动。接下来，我们会了解行之有效的方法，帮助大家梳理和合理宣泄情绪。

一直以来，人们误以为情绪产生的根源是那些对自己造成刺激的人和事情，而随着心理学的不断发展，心理学家告诉我们，情绪是每个人的主观选择。例如，面对同一件事情，有的人能够坦然面对，有的人却歇斯底里，特别抓狂。如果情绪是由具体的事情引起的，那么不同的人对于同一件事情的情绪应该是相同的。然而，事实证明，不同的人对于同一件事情的情绪是截然不同的，甚至有可能是完全相反的。由此可见，情绪是每个人面对具体事情的主观选择，每个人选择以怎样的心境和态度面对一件事情，就会产生相应的情绪。当一个人拥有开阔的心胸，形成乐观的人生态度，或者拥有丰富的人生经历，不再把一些无关紧要的事情放在心上时，他们就能更加平静更加坦然地面对人生。从这个意义上来说，我们要学会宽容自己和他人，也要学会梳理和宣泄情绪，才能从情绪的奴隶变为情绪的主人。

有一点毋庸置疑，即不管多么努力，我们都不可能完全杜绝情绪的产生。有的时候，我们欣喜若狂；有的时候，我们失意沮丧。但不管面对怎样的情绪，我们都要努力保持理性，这样才能从容地应对。对于积极的情绪，大多数人都怀着欢迎的态度，而对于消极的情绪，大多数人都怀有抵触心理。为此，要学会用正确的方法面对负面情绪，及时梳理负面情绪，也找到合适的途径宣泄负面情绪。我们可以用以下方法释放负面情绪。首先，为自己开辟一方安逸舒适且非常安静的空间，再播放适合冥想的轻音乐，内心保持平静，在这样美好的氛围中，专注于自己的呼吸，用深呼吸的方式使自己从身体到心灵都获得宁静。继而，在情绪的驱动下书写整件事情，如实地表达自己的内心，不要试图判断这件事情是对是错，更不要评判自己的想法是对是错。在此期间，还要注意描述自己的情绪，描述得越细致越好。从本质上来说，这是在与自己对话，也是在向自己倾诉。完成书写的过程之后，我们会惊喜地发现，自己已经极大程度地释放了负面情绪。在写的过程中，我们时而欢喜，时而忧伤，时而想笑，时而想哭。但是没关系，在完全属于自己的小小世界里，我们可以想笑就笑，想哭就哭，无须在乎他人的目光，更不用考虑他人会如何评价我们。想哭的时候，不妨放下笔大哭一场；想笑的时候，不妨咧开嘴哈哈大笑。写到气愤处，还可以另外拿出一张纸，把心底里最饱含怒气的话写在纸上，再狠狠地画上几个叉号。等到做完这一切，我们必然会感到通体舒畅，心情放松。坚持这么做，你一定会渐渐地领悟到这种方法的妙处，也会爱上以这种方式，还自己心灵一片净土。

需要注意的是，在写完之后，要及时把写下来的东西扔掉，或者粉碎。这是因为，书写的目的只是帮助我们宣泄，并非为了让我们铭记那些不愉快，所以这种方法与写日记是不同的。写日记是为了把生活中各种美好的、伤心的事情都记录下来，而这种方法的目的更加单纯，只是为了宣泄情绪，学会放下和遗忘。只要达到了这个目的，书写也就完成了自己的使命。

只有学会梳理和宣泄负面情绪，我们才能更好地设立情绪界限，避免出现入侵他人情绪或者被他人入侵情绪的情况。关于情绪的入侵，可以分为两种情况：第一种情况极为常见，即我们作为情绪的奴隶，总是被坏情绪掌控和驱使，也可能在无法自控的情况下向他人发泄坏情绪，影响和危害他人。对于这样的情况，作为不能掌控情绪的人往往很难觉察，直到他人提出不满，他们才会恍然大悟。当然，也有些人特别固执和自私，哪怕知道自己的坏脾气影响了他人，也不愿意主动做出改变。第二种情况是我们被他人情绪侵入。每个人的身边都会有一些缺乏情绪自控力的人，他们一旦产生负面情绪，就会不管不顾地把情绪垃圾倾倒给我们，哪怕明知道这么做会导致我们的情绪也变得消沉低落，他们也不想做出改变。对于这样的人，我们必须坚决设立界限，以免对方习惯成自然，把我们当成情绪垃圾桶使用。例如，在婚姻生活中，作为家庭顶梁柱的丈夫每天傍晚下班回到家里都会发脾气，日久天长，妻子胆战心惊，孩子也如履薄冰。之所以出现这种情况，一是丈夫不能掌控好情绪，二是妻子没有维护好情绪界限。在职场上，很多普通员工苦恼的原因是上司喜欢发脾气，他们一边辛苦地工作，一边还要随时提防着被上司的情绪炸弹击中，可谓苦不堪言。不管是在生活中还是在工作中，缺乏情绪自控力的人就像是一个不定时炸弹，不知道什么时候就会爆炸，把身边的人伤害得惨不忍睹，大家也会不约而同地选择远离这样的人。

一味地逃避不能从根本上解决问题，毕竟我们总有机会遇到情绪炸弹。那么，面对身边缺乏情绪自控力、没有情绪界限的人，我们要坚持的原则就是：允许他人产生负面情绪，但是切勿模仿他人，也不要被动忍受。换言之，我们能做的就是设立情绪边界，坚决守护情绪边界，这样就能保证自己不被他人的情绪入侵，也可以有效避免自己对他人进行情绪入侵。

尊重和接纳他人的情绪

在成长的过程中，每个人都会难以避免地产生以自我为中心的思想。这使人人都本能地关注自己，而忽略他人，在考虑问题时也会从自身的角度出发进行权衡，做出选择，很少把他人的需求放在第一位。既然我们无法改变外界，就要更加注重于改变自己。我们应该聚焦于自己，致力于建立情绪界限，管控好自己的情绪，以免侵犯他人。在此过程中，面对那些用情绪影响我们的人，则要怀着包容的态度，尊重他人的情绪，接纳他人的情绪。

有些人没有明确的情绪界限，不但会把自己的情绪投射到他人的身上，影响他人，还不懂得如何保护自己的情绪，免受他人入侵。一旦受到他人的情绪入侵，他们就会对他人心怀不满，也会对他人表现出抵触心理和对抗行为。从本质上而言，每个人都是自身情绪产生的根源，外界的人和事情只会起到刺激和诱因作用，而究竟以怎样的情绪去面对，则取决于我们自己。从这个意义上来说，我们与他人的负面情绪之间是没有必然联系的，所以当他人的情绪影响我们时，我们要及时地把自己和他人的负面情绪区分开来。哪怕别人认定我们是情绪糟糕的根源，我们也要坚持事实，保持界限，以免陷入他人的负面情绪中，最终影响了自己的情绪。

归根结底，我们之所以会陷入他人的负面情绪中，恰恰是因为我们认可了他人的观念。例如，一个人指责我们惹恼了他，我们因此而感到愤怒，暗暗想道："你不高兴与我有什么关系呢，居然把责任推卸到我的身上，这太令人生气了。"这么想着，我们就会受到他人负面情绪的影响，成为他人负面情绪的垃圾桶。如此一来，双方不断地互相倾倒情绪垃圾，进入了无休无止的拉锯战状态，导致硝烟弥漫，矛盾愈演愈烈。现实生活中，这种现象很常见，要想避免这种现象的发生，我们就要拒绝参与。面对他人的情绪侵犯，切勿对号入座，一要尊重他人的情绪，二要接纳他人的情绪。尊重他人的情绪，我们就不会否定他人的情绪表现；接纳他人的情绪，这种行为本身就能很好地安抚他人的情绪。

在家庭生活中，有件事情特别让小梦恼火。小梦特别爱干净，每天都要彻底清洁家中的每一个角落，还要把床铺被褥叠得整整齐齐，一丝不苟。对此，老公颇有微词，一看到小梦打扫卫生,老公就会说:"你呀你,总是没事找事干。咱们家这么干净,堪称五星级酒店的卫生标准,你就算一个星期不打扫,也比大多数人家还干净,有什么必要每天都做大扫除呢。"小梦振振有词:"干净,是一个家庭最大的吸引力,回到家里看到窗明几净,床铺被褥整洁干净,难道你不觉得心情舒畅吗?要是到处都乱糟糟,你还想回家吗?"老公不以为然地说:"我倒是觉得家里乱一些也没关系,那样住着更舒服,不用处处都小心翼翼的。"老公的不认可让小梦瞬间火冒三丈,开始数落老公,老公被数落得也开始生气,说道:"你就是有洁癖,这是心理疾病,得治,知道吗?"

老公的话就像是导火索,家庭大战正式拉开了序幕,你一言,我一语,你嫌弃我有洁癖,我觉得你太邋遢,吵得不可开交。

喜欢打扫卫生的小梦,为何会因为老公的话而火冒三丈,与老公争吵不休呢?这是因为老公的观点激怒了她。老公认为小梦过于爱干净是没事找事,而且说小梦有心理疾病需要治疗,这样的看法否定了小梦对家务的付出和投入,极大地伤害了小梦的感情。然而,从心理学的角度来说,小梦之所以会被老公激怒,某种意义上是因为她认为老公说的话不无道理,甚至从内心深处赞同老公说的话,所以她才会产生情绪反抗。还有些人容易被人激怒，是因为害怕被否定，当被他人当众否定时，他们很难控制住自己油然而生的怒气。

很多人都害怕面对真实的自己，尤其害怕被他人指责。对于大多数人而言，与指责自己相比，指责别人是更加容易的。出于自我保护的本能，我们选择责骂他人，把责任推卸给他人，而不愿意进行自我反思和自我指责。面对情绪问题，我们也依然会遵循这样的心理惯性，认为情绪产生的根源在于他人，而不在于自己。唯有认识到自己是情绪产生的根源，我们才能有的放矢地解决问题。

要想避免破坏情绪界限，就要设立情绪界限，明确情绪界限。在上述事例中，小梦当然可以一如既往地把家里打扫得干干净净，她的老公也可以用自己喜欢的方式舒适地生活。当双方不再处于情绪的对立面，而是向着共同的目标行动，那么彼此都会感到非常舒适。很多时候，并非是他人侵犯了我们的情绪，而是我们在不知不觉间对他人发起了界限侵犯。如果我们主动遵守情绪的界限，做到尊重他人的喜好和选择，就能避免总是想把自己的想法强加于人，也可以避免侵犯他人的界限。除此之外，还要允许他人产生情绪。有些人只许州官放火，不许百姓点灯，只许自己歇斯底里，不许他人表达情绪，这是很霸道的行为。我们既要坚持做出自己的情绪反应，也要接纳他人的情绪反应，不要试图对他人的情绪横加干涉和指责。

总而言之，情绪产生于每个人的内心，每个人都要怀着宽容坦然的态度面对情绪。当学会了与情绪和平共处，人际交往的界限就会更加明确和稳固，这有利于建立和维持良好的人际关系。

不要被他人的情绪影响

　　每个人每时每刻都在产生情绪，这也就意味着很多人都容易被自身的情绪影响，还可能会把情绪投射到他人身上，影响他人。与此同时，每个人也可能会被他人的情绪影响。情绪就像是一个大漩涡，一直在旋转，把许多人卷入漩涡中心，身不由己地跟着旋转。面对这个问题，一方面，我们要学会控制自身的情绪，成为情绪的主宰者；另一方面，我们要坚守情绪界限，保护好自己，不要被他人的情绪所影响。

　　要想不被他人情绪影响，在面对他人的情绪时，要避免对号入座。最近，网络上经常有人说，自己乔迁新居，喜笑颜开地招待亲朋好友之后，却被一些亲朋好友的冷嘲热讽浇灭了心中的热情，变得灰心丧气。也有人索性挑明了说，在这个世界上，除了父母，没有人真心希望你过得比他好。那些花费时间和金钱在新居里招待亲朋好友的人，却不得不忍受亲朋好友有意无意说出来的酸溜溜的话，在此过程中，他们难免会受到情绪影响，从兴奋喜悦，变得低落消沉。

那些不愿意看到别人过得比自己好的人常常越界，对别人的生活指手画脚，对别人的错误毫不留情地批评和指责，这样的人刻意地把情绪当作攻击他人的利器。和他们相比，有些人则是无心地以情绪影响他人，对于这种情况，更要有意识地避免。例如，在家庭生活中，每当父母吵架，最害怕和担忧的就是孩子。有些夫妻越吵越厉害，甚至吵到了不愿意继续一起生活的程度，面对这样的情况，孩子就会自责懊恼，认为父母心情不好、常常吵架都是自己导致的。其实，作为成年人的父母很清楚，婚姻能否维系下去和孩子关系并没有那么大，只是因为彼此都觉得不适合继续一起生活了，才会选择分开。然而，单纯的孩子却不这么想，他们想方设法地平息父母的愤怒，缓和父母的关系，如果在竭尽全力之后没有起到预想的效果，他们就会感到无能为力，也会产生自我厌恶的感觉，还会因此陷入痛苦之中无法自拔。在很多影视剧中，我们都可以看到父母为了孩子假装好好的。每年高考结束之后，都会迎来离婚高峰期，这也是因为父母不想因为离婚而影响孩子人生中事关前途和命运的大考。

显而易见，对于孩子而言，要想做到不被父母的情绪影响是很难的。不仅孩子如此，就算是成人，也常常会受到他人情绪的影响。与此同时，我们还会对对方寄予希望，想要看到对方不再忧伤，从本质上来说，这也是一种越界行为。每个人都有属于自己的情绪，作为旁观者，如果不知道如何安慰处于负面情绪中的人，不如给予对方更多的时间和空间，让他平复自己的情绪。例如，两个人正在气头上，吵得不可开交，这时只要有一方离开吵架的地方，留下另一方在原地，那么双方都可以借此机会恢复冷静。如果只有一个人很伤心，那么与其以苍白无力的语言安抚他，不如让他独处，慢慢地给自己疗伤。这就是尊重他人情绪，允许他人产生情绪的表现。

不管他人处于怎样的情绪状态，我们都不应该对他人的情绪对号入座，要从他人的情绪中脱离出来，回到属于自己的世界里。不对号入座，关键在于不要把自己代入他人描述的情境中，产生与他人同样的情绪。有些情况下，他人只是把不满告诉我们，发发牢骚、宣泄情绪而已，并没有要求我们一定要帮助他们解决问题。所以我们只要当好听众即可，不要越过界限，在某些情况下，做得太多也是越界行为。当然，只有一种情况除外，即对方在倾诉的过程中明确地请求我们帮助他们，遇到这样的情况，我们是要伸出援手的。

例如，好朋友向我们抱怨她新买的裙子不好看，我们要做的是安慰对方，告诉对方"其实这件裙子挺好看的，很小清新。"或者是"这个裙子很耐看，越看越好看。"而不应该反问："明知道不好看，你怎么还买呢！"听到前面的回应，好朋友一定会倍感欣慰，而听到后面的质问，好朋友马上就会很生气，认为我们是故意给她添堵。之所以起到完全不同的作用，是因为前者迎合了好朋友寻求安慰的心理，而后者无异于火上浇油，让好朋友更加苦闷。再如，有些女性喜欢抱怨丈夫的缺点，把丈夫不好的地方告诉他人。对于这样的吐槽，除非确定这些女性真的已经打定主意要离婚了，否则千万不要劝说她们"能过就过，不能过就分了吧"，这并不是帮她们，而是在怂恿。最好的做法是安安静静地倾听，成为她们情绪的宣泄口，而不是在她们自己都还没想好到底怎么做的情况下，不负责任地给她们出主意，否则，她们就会产生负面情绪。

　　不管是作为倾诉者，还是倾听者，我们都要控制好自己的情绪，既不要受情绪的驱使做出冲动的举动，也不要被他人的情绪影响失去理性。人既是感性的，也是理性的，不管在什么情况下，都要保持感性与理性的平衡，以此指导自己的为人处世。

尊重对方，不妄加评论

　　每个人都是世界上独一无二的生命个体，都是不可取代的，所以无须拿自己与他人进行比较。并且，不管他人的人生是怎样的，我们都不要妄加评论。尤其是在他人没有求助的情况下，一定要守护好界限，不要随随便便就给他人提参考意见或建议，更不要给面对难题的人提供你认为看似完美的解决方案。这是因为每个人都有自己的苦衷，也有自己的考量，外人终究是外人，只能站在旁观者的角度看待一切，无法设身处地考虑问题，更不可能对他人感同身受。在这种情况下，给出的参考意见难免不符合实际情况，还有可能好心办了坏事，热心帮了倒忙。

　　现实生活中，太多人热衷于帮助他人，到处出谋划策。其实，在某些情况下，最好的做法是什么都不说，也不轻易去做，而是给予对方更多的时间和空间，让对方自己摸索出解决问题的方法。越是在亲密的关系中，越是要注意把握好界限，不要不假思索地张口就来。例如，丈夫下班回到家里，妻子告诉丈夫："今天累死了，我把所有的窗户都擦干净了。"丈夫白了妻子一眼："谁让你擦窗户了，那么高，掉下去摔死了！"试想，妻子原本想得到丈夫的夸奖，丈夫却给出了一句这样令人伤心的话，妻子必然非常生气，甚至可能当场与丈夫大吵起来。对于妻子的抱怨，大多丈夫都想要尽快制止。有些丈夫缺少同理心，思维非常直接，他们只会认为：既然干了就不要抱怨，如果想抱怨，那么就不要干。其实，妻子并非抱怨，只是想与丈夫分享完成工作的心情，告诉丈夫自己在家里是不可或缺的，是非常重要的。丈夫只有看到妻子隐藏在语言背后的真实心理需求和感情需求，才能满足妻子真正的需求，经营好夫妻关系。

对于他人的生活，我们应该保持客观的态度。要知道，他人的生活是属于他自己的，我们可以旁观，可以欣赏，但是不要试图改变，更不要插手他人的生活。正如我们不希望被他人干预自己的生活一样，他人同样也不喜欢被我们干预。哪怕亲如父母子女，父母也只能保护孩子健康成长，然后目送他们离开自己，飞往属于自己的广阔天地。又如，在婚姻中，夫妻之间的关系是很亲密的，但也依然需要保持尊重的界限。有些妻子事无巨细，把丈夫管得唯唯诺诺，就连丈夫的工作，她们也要横加干涉，长此以往，或者是丈夫变成了"妻管严"，或者是妻子让丈夫忍无可忍，最终结束婚姻。反之也是如此，丈夫也要尊重妻子。夫妻之间唯有互相守护好界限，才能各司其职，为了家庭的幸福和睦全力以赴。当对方有需要的时候，我们应该成为最坚强的后盾，给予对方支持和帮助。

对于自己的人生，我们要全盘掌握；对于他人的人生，我们则要保持旁观。人们常说："观棋不语真君子。"其实，面对他人的人生，能够做到冷静地旁观，也是真君子的表现。

第五章

明确自我成长的界限

◀────────────────────▶

　　自我成长是有界限的，唯有坚守界限，才能明确自己该做什么、不该做什么。如果对于成长的界限很模糊，那么一旦遭遇坎坷磨难，就会自暴自弃。毫无疑问，这是不利于自我成长的。

与其赌气斗气，不如扬眉吐气

　　人在职场，总会遇到各种各样的不如意，有的是没有遇到好上司，有的是遇到了喜欢勾心斗角的同事，有的是没有抓住千载难逢的好机会，有的是不得不做自己不喜欢的事情。总而言之，职场上很少有人能够一帆风顺，不管职位是高还是低，每个人都各司其职，也各有各的烦恼。对于大多数人而言，求学结束后就要步入职场，也可以说，个人成长除了在学校学习，就是在职场上打拼。

　　对于自我成长，一定要有规划，也要有明确的界限。这样在遇到突发情况时，才能坚守自己的原则，坚持自己的初心，最终抵达渴望到达的终点。在全力以赴地投入之前，我们要告诉自己，成长必然经历坎坷，为自己设立成长的界限，告诉自己无论遇到怎样的情况，都要努力坚持。

　　大学毕业后，即便作为优秀毕业生，小艾也颇费了一番周折，才找到了满意的工作。上班第一天，小艾起了个大早，穿上自己精心准备的衣服，兴致勃勃地到了公司。没想到，才走进办公室，还没坐到工位上呢，小艾就遭到了同事们的无情嘲讽，有个同事当着小艾的面说道："哎呀呀，你这整个儿是村妇进城啊，就像是《金婚》里的庄嫂！"小艾被说得面红耳赤，又不好意思反驳同事们，毕竟她是第一天上班的新人，只能一边尴尬地笑着，一边说："以后多和大家学习！"又有一个同事说："你只要减掉这一身膘，就能美上三分了。"被同事当众奚落，小艾恨不得找个地洞钻进去，她仿佛被泼了一盆冷水，原本火热的心瞬间透心凉了。

整个上午，小艾都心神不宁地坐在工位上，暗暗想道："这个单位里都是些什么牛鬼蛇神啊，连基本的礼貌都不懂，我要不还是辞职吧，我可不想和他们同流合污。"然而，她又转念一想："找工作这么难，我不能跟钱过不去啊，不然怎样养活自己呢！今天，他们都嘲笑我，肆无忌惮地欺负我，改天我一定要让他们刮目相看，见识到我的厉害！"这么想着，小艾当天下班就办了一张健身卡。次日，她神采奕奕地出现在办公室里，开始想方设法地学习如何开展业务。三个月过去了，就在试用期即将结束时，小艾不但成功甩掉了三十斤赘肉，还做成了一笔大业务。她用拿到的薪水为自己购买了好几身漂亮的时装，摇身一变，整个人气质绝佳。看着小艾脱胎换骨的模样，那些曾经对她冷嘲热讽的同事都无地自容。

一个人不管长得多漂亮，都不可能让所有人满意，更何况人并非是流水线作业的产物，而是各具特性的。所以，人与人之间不可能完全相同。这个世界上没有两片完全相同的树叶，也不可能有两个完全相同的人。既然如此，我们就要坦然接受最真实的自己，以此为前提，才能致力于改变自己，成为理想的模样。

在上述事例中，小艾原本满怀喜悦的心情去上班，却被新同事们你一言我一语地挖苦讽刺了一番。作为职场新人，小艾当然也会感到苦恼，无法接受，因而想到了要辞掉工作。但是，她很坚强，选择留下来，全力打造崭新的自己。正是因为有着这样的决心和信念，小艾才能做最好的自己，成为人人羡慕的模样。

从本质上来说，生命就是在过河，虽然过程是艰难的，但是只要到达河的彼岸，就会看到更加美丽的风景。就像毛毛虫要想变成蝴蝶，也必须经历漫长难熬的时光，才能破茧成蝶。对于任何人，成功都需要脚踏实地地坚持努力，才有可能距离自己想要的结果越来越近。成功是没有捷径的，人人都要熬过最艰难、最黑暗的时刻，吃足苦头，才能成就更好的自己。如果非要说成功是有捷径的，那么提高自己就是唯一的捷径。既然不能改变外界，那么我们唯一能做的就是改变自己，提升自己的能力，这样才会拥有更强大的力量，把握住更多好机会。

真正掌握世界的不是那些嘲笑者，而是那些虽然经受了嘲笑，却依然能够鼓起信心和勇气朝前走的人。他们从来不会因为听到外界不和谐的声音就放弃努力，更不会因为他人异样的眼光就畏缩。他们坚定不移地做自己，不管是悲伤还是欢笑，他们都勇敢地面对一切。他们不会因为一些微不足道的小事情就怨声载道，也不会因为遭受小小的挫折就一蹶不振。他们深知一个道理，与其生气，不如努力争气。面子都是自己给自己的，当自己足够强大和优秀时，自然就能得到他人的认可和欣赏。反之，如果自己不求上进，那么就会被很多问题彻底难住，无法越过难关和障碍继续勇往直前。

享受孤独，独自绽放

在浩瀚无边的宇宙间，每一颗星球都是遥远而又孤独的，生活在地球上的我们也是孤独的个体。对于孤独，有些人甘之如饴，他们会利用孤独的机会静下心来思考，也会用孤独的时光酝酿最美丽的绽放。反之，有些人则害怕孤独，他们无法忍受孤独，会感到窒息和绝望，这是因为他们没有充实的心灵，所以不能调整自己。

孤独，是一种非常好的人生状态。置身于喧嚣的人群中，我们往往无法静心思考自己的人生，更不可能认知自我、接纳自我。稚嫩的人喜欢热闹，仿佛只有置身于人群中，他们才会感受到温度。与稚嫩的人相反，真正成熟的人在孤独中也能保持清醒的状态，他们会进行自我复盘，也会审视自我，思考自己未来的出路，趁着孤独，他们与自己对话，进行自我反思。所有深刻的思想都起源于自我反思，唯有坚持自我思考，才能领悟人生的道理，获得有深度的智慧。反之，如果总是活在他人的笑闹声中，我们就会渐渐地迷失自己，不知道自己接下来要做些什么，更不知道自己人生的道路应该怎么走。从这个意义上来说，我们要珍惜孤独，用心地品味孤独。

在如今的时代，愿意享受孤独的人越来越少，在无休止的热闹喧嚣中，我们渐渐地远离了自己的内心，成了对自己最熟悉的陌生人。很多人的手机里都有大量联系人，也有很多微信好友，但是当真正感到孤独时，却发现自己没有可以联系的人，没有人可以倾诉，也无人陪伴。在自我纠结的过程中，他们对孤独产生了严重的恐惧，甚至发展成为心理疾病。要想避免这种情况出现，最好的办法就是正视孤独，感受孤独，拥抱孤独。

在安逸舒适的环境中，人们呼朋引伴，很少有机会品味孤独。唯有在艰难的处境中，在身边没有人的情况下，我们才不得不与孤独相伴，也才能在一个又一个寂静的清晨和夜晚无限贴近自己的心灵。必须承认的是，从心理学的角度来说，人们的确会因为孤独而感到失落、空虚，但是不要因此逃避孤独，而是要借此机会磨炼顽强不屈的意志，让自己真正地成长起来。真正成熟的人都拥有一颗无比强大的内心，能坦然地面对和享受孤独，也能够勇往直前地向前走。

不可否认的是，孤独确实会或多或少给人带来心理上的不适和失落，但是与孤独相处的过程，也是我们磨炼意志的过程。

作为第一位两次获得奥斯卡金像奖的亚洲导演，在很多人的心目中，李安是与众不同的存在。李安其实是大器晚成，当年，他从纽约大学电影制作研究所毕业，沉默了六年时间，无戏可拍。在这六年间，他一直留在家里，一边处理生活琐事，一边深入研究电影。六年，这是一段非常漫长的时光，换作别人，也许早就迫于生计改行了。但是，李安得到了妻子的大力支持，与妻子分工合作，妻子主外，负责赚钱养家，李安则主内，潜心钻研电影。六年的沉淀让李安厚积薄发，一举成名。从此之后，李安拍摄出很多优质的电影，还拿到了很多世界大奖。

对于一个电影人而言，长达六年的孤寂时光是很难熬的。但是，李安没有放弃，在妻子的支持下，他始终钻研电影，与那些一毕业就有资源可以拍摄影片的导演相比，这六年堪称是李安的幸运。有了这六年的时光，他才能反复地观看世界经典影片，也才能沉浸其中深入学习和钻研。命运的安排让他没有急于把自己内心的世界以拍摄的方式呈现出来，而是在孤独中不断地积累，持续地丰富。最终，李安成就了独一无二的自己，也成了自己期望的样子。

和李安一样，每个人都曾经感受过孤独，正是因为这份孤独，我们的内心才能保持平静。人生恰如水墨画，既需要浓重的笔墨，也需要适当的留白。孤独就是人生中的留白时刻，帮助我们从喧嚣中恢复平静，帮助我们在迷惘中再次找到方向。能够安然享受孤独的人，懂得如何自处，在极致的孤独和安静中，他们遵从自己的内心，倾听自己的节奏，感受从心底里流淌出来的音乐。此时此刻，我们会意识到自己的强大和坚不可摧，会感受到自己生命的力量。只有在走过孤独的人生必经之路后，我们才能从稚嫩到成熟，也才会真正成为自己生命的主宰。

不轻许诺言，才是成熟的表现

有些人总是喜欢随口做出承诺，对他们来说，承诺仿佛是解决问题的最好方法，能够在最短的时间内安抚情绪激动的对方，使对方得到安慰。然而，轻许诺言很容易，想要兑现承诺却很难。只有那些不准备兑现承诺的人，才会随随便便对他人做出承诺，而那些想要兑现承诺的人，反而会很慎重地对待承诺，这表明他们有成熟睿智的心。

古人云，一诺千金，这充分说明了诺言的重要性。在自我成长的道路上，我们要经历很多事情，对人生也会有更加全面深入的体验。对于诺言，一定要设立界限，为自己制定"言出必行"的原则。有些人对待诺言态度不端正，只想着用承诺敷衍一时，压根没想着兑现承诺、树立诚信。从古至今，诚信都是非常可贵的品质，有诚信的人才能立足于社会，缺乏诚信的人则会失去他人的信任。所以说，诚信是金字招牌，我们只有挂出这张招牌，才能获取更多人的信任，也才能更好地成长。

最近，皮皮结交了一个男孩。男孩想追皮皮，每天都对皮皮嘘寒问暖，一会儿问皮皮有没有吃午饭，一会儿叮嘱皮皮天干物燥多喝水，一会儿提醒皮皮下班注意安全。起初，皮皮对男孩的印象很好，认为男孩很会关心人。男孩还经常和皮皮一起憧憬未来的美好生活，在男孩的引导下，皮皮情不自禁地想象着他们将来买了大房子，过着幸福生活的情景。然而，一次感冒过后，皮皮对男孩的印象大打折扣，毅然决然地拒绝了男孩的追求，这是为什么呢？

原来，男孩对皮皮所有的关心都只停留在口头上。起初，他借口上班忙，没有时间经常和皮皮见面。听到皮皮声音嘶哑，男孩虽然距离皮皮只有几站公交车的距离，但是却没有看望皮皮。夜晚，皮皮发着高烧，独自去医院输液，浑身颤抖，看着男孩一条接着一条的"关心"，皮皮忽然感到心灰意冷，当即就向男孩提出以后不要再联系了。皮皮的想法很简单，她需要的是能够关心和照顾她的男友，而不是一个只能给予她语言支持的男友。

在这个事例中，男孩是很典型的只会给予口头承诺的人，他实际上是自私的，哪怕是面对自己追求的女孩，也不愿意实实在在地付出什么。因为口头承诺不需要任何成本，所以他就学会了甜言蜜语。在刚开始谈恋爱时，这样的甜言蜜语也许能够暂时哄住女孩，但是随着彼此越来越了解，那种只会说甜言蜜语的男孩一定会被识破真面目，也会因为刻在骨子里的自私而遭到女孩的摒弃。

不能兑现的承诺就像是空头支票，没有人会一直活在海市蜃楼中。生活是实实在在的，每个人都要脚踏实地地做人做事，才能树立自己的口碑。如果想着凭借三寸不烂之舌把事情说得天花乱坠，就画出一张硕大的饼给他人充饥，那是不可能的，尤其是对相爱的人而言，爱是责任，更是担当。不管是男孩还是女孩，如果发现自己喜欢的人只会说，而很少去做，那么就要引起足够的警惕，切勿被对方的甜言蜜语和各种承诺迷惑。俗话说："说得好听，不如做得好看。"任何事情都只有落到实处，才能给我们带来切实的支持。很多人都读过《叶公好龙》的故事，那就会知道叶公对龙的喜欢是假的，并非是真心的。当真正的龙出现时，他吓得四处窜逃，这简直是莫大的讽刺。对于那些口口声声说爱我们的人，我们要擦亮眼睛，认真观察对方的行为举止，不要被对方的承诺迷惑。

所有形式的爱都需要用实际行动证明。沉浸在爱中的人，总是情不自禁地想为对方付出，也想把自己的一切都毫无保留地给对方。这样的爱不但是可以听见的，更是可以看见的，能给予我们强烈的感知。虽然甜言蜜语会使人感到幸福，但是这样的幸福如同昙花一现，并不能长久地维持下去。反之，那些慎重承诺，一旦做出承诺就努力践行的人，才是值得托付的。从现在开始，我们要心明眼亮，看清对方是擅长用承诺敷衍了事的人，还是真正会兑现承诺，给我们一生一世幸福的人。

做最美的自己

　　每个人都希望自己是一个美丽的人，然而，我们要意识到，大多数人都相貌平凡，无法成为全世界最美丽的人。认清这个现实，我们就不会抱怨自己长得不够漂亮，身材不够苗条，皮肤不够白皙了。身体发肤受之父母，一个人无法改变自己天生的容貌，但是却可以修炼自己的气质；一个人不能决定自己长得多高，但是却可以打造属于自己的强大气场；一个人无法用美貌战胜所有人，但是却可以用品德装扮自己，赢得大多数人的尊重和喜爱。这都是我们可以做出的选择。

　　遗憾的是，很多人都在怨天尤人，不是抱怨自己出身平凡，貌不惊人，就是责怪父母不出类拔萃，没有让自己成为含着金汤匙出生的富二代。其实，与其把希望寄托在他人身上，不如自己努力改变命运。很多出身寒门的孩子同样凭着努力考上了名牌大学，改变了自己的命运。很多长得不那么美丽的女孩，却活出了自信的自己，浑身散发出独特的魅力。从这个意义上来说，美丽与否并非是由他人说了算的，我们可以决定自己以怎样的方式存在。我们要看到自己的优点和长处，也要看到自己的缺点和不足。古人云："金无足赤，人无完人。"这就意味着每个人都有瑕疵，重要的是不要挑剔和苛责自己，而要以欣赏的眼光看待自己。在与他人相处的过程中，我们同样要有一双善于发现的眼睛，看到他人的闪光点，也发掘这个世界的真善美。正如一位名人所说的："这个世界上并不缺少美，缺少的只是发现美的眼睛。"我们也要说，这个世界上并不缺乏优秀的人，缺乏的只是善于发现人才的伯乐。

　　这天傍晚，小安一如既往地拖着疲惫的身体挤公交车、换乘地铁回到家里，手上还拎着在街边菜店里买的菜。也许是因为到了傍晚，菜已经远不如清晨新鲜了，看起来比小安更缺乏活力。这时，正坐在沙发上玩手机的丈夫抬起头来，问小安："今天怎么回来得这么晚？今晚吃什么？"小安有气无力地回答："下挂面吃吧，只买到了一点儿青菜，其他菜都卖完了。而且，我也没有力气再做复杂的饭菜了。"丈夫漫不经心地看了小安一眼，说道："你啊，现在成了真正的黄脸婆，和你手里的菜一样都快干巴了。我真是想不明白，当初你到底是哪一点吸引了我。"听到丈夫这么说，小安觉得自己的心抽疼了一下，她暗暗想道：是啊，我怎么就活成了黄脸婆呢？这才结婚几年啊，当初那个明眸善睐的小姑娘怎么就不见了呢！小安心不在焉地做饭，心中始终惦记着丈夫的话。

当天晚上，小安久久不能入眠，她想起自己还没结婚时就立下的志向：将来不管嫁给谁，千万不能当黄脸婆，一定要活出自己的精彩！小安看着镜子里的自己，感到很陌生，她居然变得连自己都快不认识自己了。为了攒钱买房，小安已经很久没有和丈夫一起下馆子了，更没有给自己买昂贵的化妆品和款式时髦的新衣服，她决定要彻底改变自己。周末，她对丈夫提议道："很久没吃火锅了，今天去饭店吃火锅吧！"丈夫难以置信地看着小安，问道："你疯了吗？去一次饭店大几百块钱，你不攒钱买房啦？"小安淡淡地说："你如果不想去吃，就自己做饭吧，我反正要出去吃，我不想做饭了。"说着，小安就离开了家。

中午，小安吃了小火锅。吃完饭之后，她还奢侈地买了一杯奶茶犒劳自己。她一边喝着奶茶一边逛街，恍惚间觉得自己又回到了结婚前自由自在的日子。她不由得感慨道："小安啊小安，你可要对自己好一点，只靠着亏待自己是过不好日子的。"下午，小安去做了个新发型，还买了一套昂贵的化妆品和两套最新款式、质地精良的时装。她酣畅淋漓地花完了一个月的薪水，找回了些许自信。小安决定以后再也不那么苛待自己了，就算要攒钱买房，也应该保证自己的正常生活！

在上述事例中，小安的家庭和很多工薪阶层家庭一样，为了攒钱买房，不得不节衣缩食。其实，买房固然重要，好好地生活更为重要。即使为了实现遥远的梦想，我们也不应该以牺牲现在的美好生活为代价。相信只要精心规划，也能够两者兼顾，既顾全现在的生活，也能尽量节约用于买房。

俗话说："爱美之心，人皆有之。"不管是男人还是女人，本性都是爱美的。但我们对美的界定应更加广泛，不要认为美只限于容貌和服饰，美也包括得体的言行举止、强大的气场以及待人处事的恰到好处等。只有由内而外地散发出美丽的气质，女孩才能真正成为美的使者，追求和创造属于自己的精彩人生。

爱美的人总是充满了自信，虽然打扮不能当饭吃，但是打扮却能让人始终保持精气神，昂扬向上。爱美的人也满足了他人对美丽的欣赏，成为他人眼中亮丽的风景线。哲学家叔本华认为，人的内心正是通过外表表现出来的。所以人人都有爱美的权利，也有权利用美表现出自己的与众不同。

不纠结，才会真快乐

面对现实生活的错综复杂和瞬息万变，很多人都会在不知不觉间陷入纠结，使人生陷入死循环中无法摆脱。这是因为纠结使人拿不定主意，对于原本十拿九稳的事情也会产生质疑，但很多人却不知道一味地拖延只会导致错失良机，反而产生更糟糕的后果。由此可见，当机立断是一种能力，做人应该果断，不要这山望着那山高。只有当即下定决心，抓住自己能够抓住的一切，才是真正的拥有。

《拉封丹寓言》中有一则故事，告诉了我们非常深刻的道理。这个故事的大概内容如下：在两堆干草垛的正中间，有一头毛驴。这头毛驴不管朝着哪一堆干草走过去，都能顺利地吃到草料。但是，毛驴很纠结，看看这堆干草觉得很好，看看那堆干草又觉得不能舍弃。在这样进退两难的状态中，它饥肠辘辘，始终无法下定决心去吃哪一堆干草，最终，它被活活饿死了。

尽管这个故事听上去很离奇，但是却为我们揭示了一个深刻的人生道理。人生是由数不清的选择组成的，对于成年人而言，需要纠结的事情更是数不胜数。例如，刚刚毕业的大学生在两份工作之间犹豫不决；恋爱中的年轻人为购买哪个地段的房子而苦恼；结了婚的小夫妻犹豫着是否该要孩子；职场人士每天中午都在为吃什么而烦恼，等等。由此可见，人生中处处都充满了选择，如果不能在诸多的选项中，选出对自己有利的一项，那么就会白白浪费选择的机会。通常情况下，选择越多，做出决定就越是艰难，也就需要耗费更多的时间。这一则是因为大多数人压根不知道自己真正想要的是什么；二则是因为他们很害怕承担选择的后果。可以肯定的是，每一个选项都有可能获得成功，也有可能遭遇失败。更具体地说，成功与失败的机会是对等的，各占百分之五十。

面对这种纠结的局面，当机立断是关键。一旦明确了自己的心意，做出了自己的选择，接下来我们只需要全身心投入地执行，做好相关的事情。幸运的话，我们会顺利推进，得到自己想要的结果，即使遇到了很多困难，导致事与愿违，我们也可以凭着努力，距离自己想要的结果越来越近。需要注意的是，和无作为相比，即使失败了也没关系，因为我们能够从失败中汲取经验和教训，也能够踩着失败的阶梯不断向上。

很多人一旦发现自己的选择有可能是错的，马上就会陷入懊恼之中，设想当初如果做出了另一种选择，是否会得到更好的结果。然而，世界上没有卖后悔药的，在人生的旅途中，人只能往前走，不能向后看。与其被困顿于不尽如人意的过去，荒废了现在的时光，不如勇敢地活在当下，抓住一切能够抓住的机会，积极地改变现状。

在选择的过程中，如果一时之间不能做出决定，那就可以列举所有选项的优势和劣势，帮助自己进行比较，选择出自己更倾向的选项。反之，哪怕仓促地凭着本能做出了选择，一旦做出决定，无论结果如何，都不要后悔。人总要学着长大，正所谓不经历无以成经验，每个人都必须亲身经历自己的人生，才能积累更多的经验，创造更美好的未来。

在人生的旅途中，没有哪条道路是绝对平坦的。这意味着我们不管做出什么选择，都面临着成功或失败的结果。一个选项即使在当下能够帮助我们获得成长和进步，随着局面的改变，未来也许就会变得不合时宜。这就需要我们与时俱进，跟随时代发展的脚步，根据事情发展变化的情况，及时调整策略和方针。

人生不管何时都是现场直播，任何人都没有彩排和演练的机会。即便如此，也没有必要束手束脚，更不要因为畏惧有可能出现的结果，就放弃选择。对于一个充满自信的人而言，无论是怎样的结果，都会勇敢地接受和面对，这才是真正勇敢的表现。人生短暂，如同白驹过隙，经不起我们反复的犹豫和迟疑，更经不起我们无限度地延误下去。所以从现在开始，面对不同类型的选项，我们就要下定决心做出选择，做好准备承担一切后果。

当习惯了当机立断，我们就会发现，不纠结的人生真的非常美好。一个人哪怕有特别好的想法，如果始终停留在空想阶段，那么就不可能获得自己想要的结果。反之，如果能够马上采取行动，那么事态的发展很有可能使那些预想中的困难不复存在，还有可能推动事情朝着符合我们预期的方向发展，这些都是完全有可能的。

做人切勿贪心，不要总想鱼与熊掌兼得。与其在不同的选项中左右摇摆，不如打定主意全力以赴。很多情况下，人之所以痛苦，恰恰是因为喜欢与他人比较，上学期间与他人比分数，进入职场与他人比职位和薪水，结婚了又与他人比老公和孩子，总之，人每时每刻都在关注他人对自己的评价，慢慢地就会迷失自我，远离快乐。

即使看到别人拥有很多，我们也没有必要懊悔自己的选择。只有笃定的内心，才是快乐的源泉，而一个总是热衷于比较的人，必然会被各种欲望所累，根本不可能果断地做出取舍。人生既有可能得到，也有可能失去，既然得到和失去都是人生的常态，我们就要摆正心态，坦然面对。只有勇敢地做自己，我们才会得到真正的快乐和满足。

降低物欲，坚持极简生活

现代社会中，生活节奏越来越快，工作压力越来越大，当长期处于紧绷的状态之中，人的心理就会发生各种微妙的变化。对于自己的人生，很多人都会失去界限，或者盲目跟风，或者颓然放弃。其实，要想把握自己的人生，可以试着摒弃各种物欲，坚持极简生活。极简生活不是苛待自己，也不是刻意地过节省的生活，而是一种生活理念，目的在于让自己更多地关注内心，关注精神和情感的需求，而不要沉迷于物欲中无法自拔。因为物欲是无底的深渊，当满足了一个欲望，我们马上又会生出新的欲望，这就会导致欲望无休无止。降低欲望，可以有效地避免这个问题。例如，一个北漂奋斗了十年终于购买了属于自己的小房子的人，他起初会感到很幸福，但是在得知身边的同事和朋友买的房子都比自己的房子大之后，他就萌生出新的想法：我也要买大房子。但是，多大的房子才算大呢？比起五六十平方米的房子，八九十平方米就算是大的，但是比

157

一百多平方米的房子，别墅才是更大的。除了别墅，还有四合院或者是庄园呢！总之，人的欲望永无止境，如果被欲望牵着鼻子走，人生就会非常被动。正确的做法是降低欲望，控制欲望，认识到欲望其实是内心主观的愿望，只要调整好心态做到知足常乐，那么欲望就会不攻自破。

近年来，随着山下英子的《断舍离》问世，很多人都开始接触极简生活的理念，也学着精简生活中的各种用品。这当然是一个好习惯，一来可以保持家庭环境的干净清爽；二来也可以帮助自己清空内心，使思维更有条理。否则，各种事情千头万绪，必然会使人生也面临混乱的局面。

最近几年，琳琳迷上了网购，每天都跟着购物群的群主购买各种各样的东西，这些东西有的是生活必需品，有的只是因为性价比高，就被琳琳买了回来。搁置了很久之后，琳琳才发现自己购买的大多数东西是用不上的，又占据了家里很大的空间，只能狠心扔掉。随着网购成瘾，琳琳越来越宅，她既不喜欢运动，也不喜欢和朋友们一起逛街，就喜欢待在家里看手机，一旦看到群主又推荐了便宜的东西，她就手痒痒，控制不住地想要买。

琳琳特别喜欢吃零食，因为毫无节制地吃零食，她体重暴增，从最初的一百斤变成了现在的一百五十斤，她也很纳闷自己为何如同气球一样越吹越大。后来，有个朋友来到琳琳家里，看到琳琳家到处都堆满了还没有开封的快递，简直连下脚的地方都没有，所以强烈建议琳琳邀请收纳师上门服务一次。朋友对琳琳说："等收纳师来帮你清空家里之后，你会觉得自己就像是获得了新生。"在朋友的强烈推荐下，又加上琳琳自身对于收纳师的职业也很好奇，所以琳琳答应朋友会请收纳师来家里帮忙收拾。

一个周末，收纳师来到琳琳家里，看到琳琳的家，不由得倒吸一口凉气。收纳师问道："请问，您这些还没有拆封的快递如何处理？"琳琳想了想，才说道："麻烦你帮我拆开吧，有用的就留着，没用的就扔掉。有些食品放了这么久肯定过期了，直接扔掉就行。"就这样，收纳师整理出了堆积如山的废弃物，琳琳都惊呆了，她万万没想到自己的购买力居然这么强，也没想到自己居然在小小的家里塞下了这么多没用的东西。看到其中很多东西都是全新的，琳琳不由得感到心疼，暗暗想道：以后我再也不买无用的东西了！那些东西即使再便宜，如果买来之后没有用处，也是极大的浪费。收纳师用了整整一天的时间，终于帮助琳琳整理好了凌乱无序的家。琳琳看着眼前秩序井然的家，感受到了朋友所说的酣畅淋漓的感觉。收纳师再三叮嘱琳琳要控制购买欲，这样既能省钱，家里也不会那么快就变得脏乱差，可谓一举数得。

房子再大，一个人也只能睡半张床；食物再多，一个人也只能吃饱一个肚子。从这个意义上来看，对于生活，我们完全没有必要过于繁复，只需要准备生活必需品，再准备一些经典的服饰，就能四季轮回，岁月静好。

从心理学的角度来看，那些购物成瘾、喜欢囤积各种东西的人，往往是没有安全感的。他们很担心某些东西会被用光，所以要在还有剩余的时候就提前购买，由此一来就陷入了恶性循环，物品越来越多，越囤积越无法收拾。其实，现代社会物质很充足，人们几乎随时随地都能买到自己需要的东西，人们购物更加便利，也很快捷。既然如此，就更没有囤货的必要了。

对于现代人而言，要想断舍离，坚持极简生活，不但要清空生活中的各种废弃物资，还要控制使用手机。很多人每隔几分钟就要看一眼手机，生怕错过了手机上的重要电话和信息，这其实是手机依赖症的表现。要想戒掉手机瘾，可以在学习和工作时把手机放在远离自己的地方，这样就可以有效地避免随时拿起手机。此外，还要规划精彩的生活，安排一些与人进行互动的活动，或者是坚持发展兴趣爱好，这都能够充实心灵，丰盈感情，比一味地盯着手机看好得多。

现代社会中，很多人都在进行无效社交，每天看似呼朋唤友热闹非凡，其实很多都是酒肉朋友，只能同享福，不能共患难。我们要有火眼金睛，识别对方的真心，结交更多的真朋友，摒弃无效社交，节省宝贵的时间和精力。

所谓极简，并非是空白，而是精简；所谓繁复，并非是拥挤，而是完美。很多设计大师都深谙极简之道，在设计的过程中会适度留白，留给观赏的人更多的再造空间。反之，如果一幅画画得很满，那么只会让人觉得压力扑面而来。对于生活，要想获得真正的快乐，根本的解决之道不在于拥有得比别人多，而在于发掘生活的乐趣，知道如何做才能获得真正的快乐。

古人云："知足常乐。"那些懂得知足的人总是怀有感恩之心，面对命运的所有安排，他们都能坦然接受和面对，得到意外的惊喜或者收获，他们会喜出望外。极简不是苦行，而是以减少身外之物作为手段，让自己更加专注于内心。其实，早在几千年前，就有先哲提出不要占有过多的物质，否则人生就会受到损害。谁说身外之物多多益善呢，事实证明，适度的身外之物能够帮助我们更好地生活，而过多的身外之物却会成为我们的负累，导致我们不堪重负。让我们学会做减法吧，成年人的肩膀上原本就已经扛着沉重的负担，只有做减法，才能为人生减负，让人生轻松前行。

身体是革命的本钱

很多人都理不清生活和工作的关系，他们误以为工作就是生活的全部，把工作视为生活的唯一，不管做什么事情，都以工作为先，这是本末倒置。对人来说，生活才是最重要的，工作只是生活的手段。在现代社会中，钱虽然不是万能的，但是没有钱却寸步难行，我们工作是为了赚取金钱，满足自己的生活所需，提升自己的生活质量。所以一定要理清楚生活和工作的关系，要知道生活优先于工作，工作服务于生活。

说起生活，就不得不提到身体。身体是革命的本钱，一个人如果没有好身体，就无法全力以赴地工作，更无法全心投入地生活。从这个意义上来说，好身体是至关重要的。遗憾的是，很多人都不知道身体健康的重要性。仗着年轻，他们胡吃海喝，常常通宵达旦地狂欢，不愿意保持规律的作息。然而，年轻时欠身体的债，一旦上了年纪，就会一点儿都不少地还回来，谁也不能在身体面前讨巧。所以，要想拥有美好的未来，就一定要按时睡觉、好好吃饭，这样才能为身体提供充足的养分，让身体变得更加强壮。

前几年，复旦大学的于娟写了一本书，名字叫作《此生未完成》。她才三十几岁，有一个很小的孩子，却被查出来患上了乳腺癌。幸好丈夫对她不离不弃，宁愿卖掉房子、砸锅卖铁，也要为她把病治好。她用尽各种方法抗癌，在科学的方法不管用之后，甚至还和病友们一起上山，坚持辟谷，试图把癌细胞饿死。从这样慌不择路的选择来看，当疾病来临，当知道生命所剩的时日不多时，哪怕是于娟这样的新时代知识青年，也难免会感到惊慌失措。毕竟生命是如此宝贵和美好，每个人都想要活得更长久，亲眼见证孩子的成长，亲自为年迈的父母养老送终。最终，于娟还是带着遗憾离开了她深深眷恋的世界。在与病魔作斗争的日子里，她自我思考，留下了最终编撰成册的文字。在《此生未完成》中，于娟遗憾地写道自己年轻时不知道爱惜身体，常常彻夜不眠地学习玩乐，对于吃的东西更是来者不拒，天上飞的、海里游的、地上跑的，几乎没有她没吃过的。如果生命能够重来一次，相信她一定不会这样耗费自己的身体，而是会用更好的方式爱自己。

生命无常，没有人知道意外和明天哪个先来。有些人平平安安活了一辈子，有些人的生命才刚刚开始就面临着严峻的考验。可以说，如果没有健康的身体，一切都将会成为水中花镜中月。如今，生活的压力越来越大，很多年轻人的生活都昼夜颠倒，他们一边敷着最贵的面膜，一边熬着最深的夜；他们一边学习各种健康养生知识，一边胡吃海塞，喝得昏天暗地；他们一边喊着运动减肥的口号，一边大快朵颐，无肉不欢。他们正在亏欠身体，终有一天，他们必然受到身体的惩罚。

面对残酷的竞争，很多人都追求高学历，想要获得更高的职位和薪水，直到垂垂暮年才发现，其实健康才是决定人生高度最重要的因素，和健康相比，智力只能屈居第二。有人说，人生是百米冲刺，所以他们一旦听到发令枪响，就迫不及待地向前奔跑，生怕落后于人。这是对人生的误解，人生不是百米冲刺，而是马拉松长跑，暂时的领先并不能决定什么。只有保存体力，具有超强的耐力，我们才能在看到终点的时候，一鼓作气领先于其他人，获得真正的成功。

现在越来越多的人患上癌症。曾经有研究机构调查发现，在漫长的生命旅程中，一个人患上重大疾病的概率为72%，这个概率是很惊人的，意味着大多数人都有可能患上重大疾病。众所周知，治疗重大疾病需要花费巨大的人力、财力，这意味着对绝大多数家庭来说，一旦有一个人患上了重大疾病，全家都会因此付出巨大，甚至负债累累。中年人作为家庭的顶梁柱，承担的压力之大可想而知，向上要赡养年迈的老人，向下要抚养年幼的孩子。所以，中年人一定要爱惜自己的身体，从现在开始坚持进行体育锻炼，增强体质，也要坚持规律作息，保证自己得到充足的睡眠，汲取充足的营养。

从现在开始，我们就要展开行动。例如，坚持早睡早起，按时吃早餐，坚持运动；杜绝熬夜，杜绝躺在床上刷手机，可以通过阅读修身养性，还可以和朋友聊天以增进感情，这些都是更加健康的消遣方式。面对堆积如山的工作，没有必要非要通宵达旦地完成，因为工作是永远都做不完的，但是我们的生命却只有一次机会，何不把工作留到第二天再完成呢？对于大多数人而言，只要抓住白天的时间提高工作效率，就不需要加班。不要再把旅游当成是一个永远也不可能实现的梦想，何不放下手里的事情，来一场说走就走的旅行呢？

每个人都有属于自己的烦恼，我们无须因为这些烦恼就彻底否定人生。任何时候，拥有健康的身体都是值得庆幸的事情。我们何其幸运拥有健康的身体，那么就要珍惜这份幸运，发挥自身的优势，铸就幸福的人生！

第六章
明确职场界限，坚持努力蜕变

◄━━━━━━━━━━━━━━━━►

　　人在职场，要想如鱼得水，风生水起，就要明确职场界限，遵守职场规则，这样才能守护好人与人之间的边界，既保持独立的个性，也能坚持密切协作。职场更是历练人的好地方，亲自完成工作任务，亲身经历职场上的各种关系后，我们就能够快速地成长，成功地蜕变。

不要把工作与生活混为一谈

不得不说，现在的职场竞争真的太激烈了，很多人的身心已经达到了承受的极限。大多数职场人都不能按时上下班，加班是他们的常态，也许白天已经埋头工作了一整天，下班后，依然需要挑灯夜战，继续处理文件，给客户打电话，甚至拎着沉重的笔记本电脑回家继续奋战。即使到了周末，也没有时间陪伴家人，只能盯着手机，随时准备给客户回复信息，给客户打电话沟通情况，有的时候还需要临时去单位加班几小时。在他们的心目中，工作就是生活的全部，更是生活的唯一。他们把无休无止的工作当成是生活的常态，觉得理所当然，与此同时，他们也失去了生活和工作的界限，把生活和工作混为一谈。

小沈在一家通讯公司工作，每天都要承担繁重的工作任务，加班更是常态。他白天总是全力以赴地工作，尽量在上班时间内处理好所有的工作，只为了能够按时下班，回家陪伴家人。然而，现实总是骨感的，到了快要下班的时候，他常常会接到上司交代的新任务，而且要求次日上班之前必须完成。对于老板的安排，小沈感到特别无奈，他想要为自己申诉，为自己争取按时下班的权利，但是一想到还有那么多人找不到工作，还在四处奔波，他只能话到嘴边又咽下。

这天晚上，小沈和往常一样加班到深夜，看着和他一样挑灯夜战的同事们，他忍不住打了个哈欠，伸了个懒腰，脑子里闪现了一个想法：这都快要十二点了，还不如就在办公室和衣而卧呢，不然回到家里洗个澡，只能睡三四个小时，就又要起床往单位赶了。这么想着，小沈给家里打了个电话，告诉家人自己晚上不回家了，在单位通宵加班。才打完电话没过多久，小沈突然感到心慌气短，胸闷盗汗，头疼欲裂，他以为是疲劳导致的，就没有放在心上。正当他苦苦支撑时，他就眼前一黑，仰面倒在了地上。同事们听到巨大的声响，看到是小沈倒下了，赶紧打了120急救电话。幸运的是，小沈所在的单位距离医院很近，几分钟后120就赶到了。医生对小沈进行了急救，又火速把小沈送往医院，经过一番检查，才确定小沈是突发急性心梗。自从这次死里逃生，小沈再也不敢玩命地加班了，他调节了工作和生活的节奏，在工作的时候就专注地工作，提高效率，等到下班之后就彻底放下工作，完全放松。也许是因为得到了充分的休息，小沈惊喜地发现自己工作的效率越来越高，工作质量也变好了。

对于工作和生活，我们一定要划清界限，不要在工作的过程中开小差，也不要在下班之后继续低效率地工作，白白浪费时间。一旦出现工作和生活混为一谈的情况，当事人就会承受巨大的心理压力，必然会影响身心健康。

那么，工作与生活的界限到底在哪里，又怎样划分呢？通常情况下，可以从地域和心理的角度进行划分。按照地域划分，即把工作与生活的区域完全划分开来，在工作的地点就专心工作，回到家里就投入生活。按照心理界限进行划分，则在工作的时候不要想个人的事情，也不要挤出时间去做个人的事情，而要全力以赴地投入工作，争取把工作效率提到最高。一旦回到家里，就要彻底放下工作，有些职场人士即使下班回到家里，也依然扮演着职场上的角色，思考着与工作相关的事情，这使得他们身心都长久地保持紧绷的状态，无法彻底放松。正确的做法是，在回到家里之前就彻底放下与工作相关的所有事情，不管是烦恼还是忧愁，全都抛之脑后，这样才能做到劳逸结合，有效地缓解身心疲惫。彻底的休息并非荒废时间，磨刀不误砍柴工，其实，彻底休息反而能够养精蓄锐，这样次日才能以更好的状态投入工作。这就是工作与生活的明确界限。若我们坚持守住工作与生活的界限，不把工作与生活混为一谈，那么我们就能够更加从容地应对生活，处理好工作，也能腾出时间来维护人际关系，使自己获得更多的助力。

人的时间和精力都是有限的，如何分配时间和精力，做好该做的每一件事情，既是智慧，也是学问。具体来说，要想维护工作和生活的界限，就要做到以下几点。

首先，要合理规划时间，充分利用时间。工作是永远也做不完的，我们要分清楚各项工作的轻重主次，按照次序优先处理重要且紧急的事情，这样才能循序渐进地做好每一件事。

其次，尽量不要在家工作。家是休息的地方，是陪伴家人的地方，如果把工作带回家里做，就会扰乱心中对于家的定义，也会混淆工作与休息的空间。心理学家研究发现，那些把工作带回家里处理的人往往承受着更大的压力，他们很容易紧张焦虑，甚至暴躁易怒，这不但不利于工作，还会使家庭关系恶化，家庭氛围紧张。因而最好的做法是在办公室里就处理完所有的工作，那些不着急完成的工作，可以留到次日上班的时候完成。随着网络的普及，很多职场人士都用手机或者笔记本电脑办公，便捷的办公条件使随时随地办公成为可能。那么，我们更要学会控制使用移动办公设备，让自己彻底放下工作。

再次，生活和工作都需要仪式感。在一天的工作结束后，可以进行相应的小仪式，当这个行为成了习惯，那么一旦举行仪式，我们就知道工作结束了，要开始自己的生活了。例如，运动十分钟，或者进行短暂的冥想，或者把办公室收拾得干净整洁，或者在回家的路上购买一束鲜花等，这些都是很好的仪式，会使大脑接收到相关的信号，清楚地意识到界限的存在。

最后，坚持"充电"。现代职场上，大多数人忙忙碌碌，每天如同陀螺一样旋转不停，他们早就忘记了读书，忘记了运动，忘记了学习。偶有片刻闲暇，也会迫不及待地拿起手机看个不停。其实，由于压力的长期存在，大多数人的心态都发生了微妙的变化，可能会觉得生活枯燥乏味，习惯于悲观地思考问题，情绪总是起伏不定等。这些心理上的异常，都是心灵的警报，所以我们一定要重视这些警报，并且在第一时间调节心理状态，最好的办法就是坚持"充电"。学习是给知识宝库充电，运动是给身体充电，读书是给心灵充电。坚持充电可以帮助我们减轻压力，让我们看到更为广阔的世界。除此之外，寻求全身心的放松也是充电，可以帮助我们扫除疲惫，恢复充沛的精力。例如，和朋友一起去郊外远足、爬山、做一些极限运动等，都是很好的选择。

总之，我们一定要在生活和工作之间寻求平衡，唯有保持平衡，才能证明我们设立了工作与生活的合适界限，既感受到生活的无穷乐趣，也获得了工作上的成就感和满足感。人生，不该是苍白贫瘠的，应该是有滋味、有色彩的，也应该是让人兴致盎然、欲罢不能的。

小心应对得寸进尺者

　　人在职场，难免要与形形色色的人打交道，搞好人际关系是一种能力，更是玩转职场至关重要的交往艺术。当身边的人表现出极高的情商时，我们就会觉得与对方相处很舒适惬意；反之，如果对方总是没有界限，喜欢得寸进尺，或者从来不懂得尊重我们设立的人际交往界限，常常厚颜无耻地对我们提出不合适的请求，那么我们必然会非常反感，甚至想要与对方断绝关系。遗憾的是，人在职场总有身不由己的时候，明明很讨厌一个人，却因为工作的缘故而不得不与对方合作，这就要学会应对那些得寸进尺者。

　　得寸进尺者很少直截了当地提出过分的要求，而是会采取一定的技巧，如运用"登门槛效应"，步步为营地达到目的。例如，他们先提出一个很小的要求，这个要求很容易实现，使你不好意思直接拒绝他们。在你答应他们的请求之后，他们接着会提出一个更大的要求。在这种情况下，你往往会安慰自己：

"算了，既然前面已经帮他了，就好人做到底再帮一次吧。"就这样，他每次提出的要求都比前一次的要求更大，难度增加，你却始终在退让，说服自己勉为其难地帮忙。最终，你会发现自己居然答应了一个很难实现的要求。可以说，对方把"登门槛效应"运用得炉火纯青。对于最后答应的那个要求，如果对方一开始就提出来，那么你肯定会坚决拒绝，但是此时此刻你却答应了。

为了节省时间和精力，大多数人都会拒绝他人有难度的要求。但是，如果对方提出的要求微不足道，而且只需要我们付出很少的时间和精力就能完成，那么我们就会因为这个要求不会给自己带来压力，就答应了对方。在帮他人小忙的过程中，自己也能获得极大的满足感和成就感，何乐不为呢？其实，得寸进尺者正是运用了他人这样的心理，才能一步一步地达成自己的目的。当然，我们现在已经了解了"登门槛效应"，那么如果有人对我们使用这个技巧，我们就要提前做好心理准备，防止步入对方的陷阱里。

人在职场，同事之间更会出现这样的情况。有些人碍于面子不好意思拒绝他人，就会被那些得寸进尺者再三侵犯，最终突破界限。还有些人为了自己的利益放弃底线，不管什么事情都能做得出来，甚至不惜危害同事的利益，这当然会引起同事的反感，也让同事对他们退避三舍。

为了防范得寸进尺者，具体来说，我们要做到以下几个方面：首先，面对得寸进尺者的试探行为，一定要守住底线，切勿一味地退让，否则就会导致对方的越界行为愈演愈烈。其次，要坚决维护自己的界限，筑牢心理防线，职场上有很多老好人宁愿委屈自己，也要满足他人的需求，最终却并没有得到他人的真诚感谢，因而懊恼不已。要想在职场上更好地生存，与同事和谐相处，就一定要维护自己的界限，这样双方的行为才会有边界。最后，学会拒绝他人，这是一件令人尴尬的事情，即便如此，面对他人过分的要求，我们还是要学会拒绝。例如，与同事之间不要有任何经济往来，偶尔有利益关系时，可以事先就讲清楚，以免后续为了争夺利益而纠缠不休。此外，一定要捍卫自己的利益，不要给他人留下人善被人欺的印象。上述这些行为都是在设立界限，有了清晰的界限，我们既能够保护自己的利益不受侵害，也能够水到渠成地解决很多事情。

工作也要有边界

在职场上，每个人都有自己的工作，因此要承担起相应的职责。只有每个人各司其职，做好自己的分内之事，才能保证工作的效率和成果。然而，有些职场人士不懂得工作边界，在工作的过程中总是一有困难就求助于他人，或者是当老好人，毫无原则、有求必应地帮助他人。长此以往，工作界限越来越模糊，工作的职责划分也会出现相应的问题。

在职场中，"工作界限"的存在是很重要的。所谓"工作界限"，是以工作责任为依据设置的工作边界。作为职场人士，必须明确区分不同的工作责任，承担起属于自己的责任。一旦越界，承担不属于自己的责任，看似是帮助了他人，其实会扰乱职场的秩序。从某种意义上来说，工作界限就像是职场人的防火墙，保证了每个人的工作量，无须为了帮助他人付出额外的时间和精力，避免因帮助他人导致自己疲惫不堪，降低工作的效率和质量。

琪琪是一家教育培训机构的行政人员，她刚刚入职没多久，被安排跟着老员工王明学习。起初，王明的确尽心尽力地教琪琪，琪琪也很用心地学习。一段时间后，琪琪已经熟悉了工作内容，也适应了工作，特意买来各种水果，感谢王明对她的指导和帮助。平日里，琪琪也经常和王明说："师父，有什么需要帮忙的，尽管安排给我！"王明听到琪琪称呼他为师父，也沾沾自喜，经常把自己做不完的工作分一些给琪琪。随着对业务越来越熟练，琪琪本身的工作也越来越多了，可是王明依然会给琪琪安排很多额外的工作，而这些工作原本都属于王明。琪琪经常需要加班，才能完成王明交代的任务，但是王明却早早地就下班了。琪琪渐渐感到厌烦起来，却不好意思直接拒绝王明。

有一天，琪琪因为忙着做王明交代的工作，所以遗忘了上司安排的任务，在例会上，上司狠狠地批评了琪琪，琪琪灵机一动，佯装无辜地为自己辩解："领导，不是我故意偷懒，我一直在做师父安排给我的工作，完成的时候已经很晚了，就一不小心忘记了您安排的工作。"听到琪琪的话，上司更加火冒三丈，他早就有所耳闻，知道王明把徒弟当长工，索性说道："王明以前是你的师父，现在已经不是了，你已经出师了。以后，你只受我直接领导，不要谁给你活儿都干。要是连本职工作都做不到，那你就卷铺盖走人吧！"上司的话不但是说给琪琪听

179

的，也是说给王明听的，王明羞愧地低下了头。从此之后，王明再也没有把自己的工作安排给琪琪，琪琪也就可以专心致志地做好自己的工作了。

工作当然是越少越好，所以王明听到琪琪一口一个师父地叫着，就把自己的工作分给琪琪。幸好琪琪及时意识到了问题的存在，也抓住被上司批评的机会说明了真相，才让王明意识到工作界限的存在。

在很多公司里，都存在工作界限不清楚的情况。对于新人，很多人都想使唤使唤，因而把本该自己完成的工作交代给新人。然而，新人总会成长起来，也会有自己的工作任务需要完成，所以，哪怕作为老员工，也要坚守工作界限，切勿为了偷懒，就把自己的责任推卸给新员工。

作为职场人员，对于工作界限内的任务，要责无旁贷认真完成；对于工作界限之外的任务，则要将其归还给相应的责任人，让对方肩负起责任。为了避免出现工作界限模糊的情况，我们有义务告诉他人工作界限的存在，这样既能保护自己不会成为他人的免费劳动力，也能避免自己麻烦他人。在职场中，人与人之间一定要明确界限，这样才能更好地相处。否则，同事之间的关系原本就不远不近，再加上利益关系掺杂其间，所以很容易产生矛盾与隔阂。

　　为了明确工作界限，得到他人的尊重和认可，我们必须做好解释工作。从本质上而言，这是拒绝的过程。例如，某人请求我们帮助他们完成某项工作，这项工作不在你的工作范围之内，而且对方请求得到帮助的理由也不充分，那么你就应该坚决拒绝。面对这样的情况，要想维护人际关系，避免对方恼火，我们就要解释拒绝的理由。在拒绝时，既可以贬低自己抬高他人，也可以阐述自己心有余而力不足，还可以摆明自己的实际困难。如果对方接受拒绝，那么下次就不会再对我们提出要求。如果对方压根没有意识到我们是在委婉地拒绝，下次又提出了要求，那就意味着对方没有明确工作界限，我们就要更加直接地拒绝。在拒绝的时候，有一种情况例外，即对方的确遇到了只靠着自己无法战胜的困难，迫切地需要我们的帮助，那么我们可以热心地帮助对方。个人的能力总是有限的，一个人无法只凭着自身的力量就面面俱到地解决所有问题。这一次，我们乐于助人，下一次，他们就会乐于帮助我们。所以在拒绝之前，一定要学会区分对方的求助属于哪种性质，并且以此作为根据采取相应的措施。

远离负能量的人

正常情况下，人有正能量，也有负能量，这两种能量并非绝对均衡的，会出现以正能量为主或者以负能量为主的情况。正能量占据上风的人积极乐观，不管面对怎样的困境都始终心怀希望；负能量占据上风的人消极悲观，哪怕只是遭遇小小的不如意都怨声载道，也可能轻易地放弃。对负能量的人来说，抱怨仿佛已经成为习惯，所以他们常常抱怨那些不如意的人和事情。他们仿佛是行走的情绪黑洞，任由坏情绪泛滥，给身边的人带来负面影响。他们不能设立情绪界限，既对自己的情绪毫无觉察，也不能敏感地意识到他人情绪发生的变化。所以即使有人因为听到他们抱怨而陷入负面情绪，他们也依然如故，抱怨不休。他们自认为抱怨是无害的，只是在以陈述的方式诉说自己的内心而已，所以他们很少关注他人的感受，而是一味地抱怨，不顾后果地抱怨。

爱抱怨的人总是自认为倒霉，实际上他们不知道什么才是

真正的灾难，只是把每个小小的不如意都当成人生中最难过的
关卡。通常情况下，他们会以"我太倒霉了"开始，继而以充
满悲观的话语开始倾诉，当你面对他们时，就会被他们当成情
绪垃圾桶。与此同时，抱怨具有强大的吸引力，能够瞬间就把
你的时间和精力吸入负面情绪的黑洞之中。此时此刻，如果你
不赶紧逃离，那么你就会认可他的抱怨，接下来和他所抱怨的
一样认为命运不公平，认为自己不管多么努力都不可能得到想
要的结果，认为自己精疲力竭只想得过且过，认为自己既没有
希望也没有未来……日久天长，你开始彻底推翻自己，全盘否
定自己变成爱抱怨的人，不管走到哪里都带着全身的负能量，
令人避之不及。那么，为了避免成为负能量的人，我们该怎么
做呢？其实，要想不抱怨，就要从改变心态开始做起。

作为新职员，娜娜和薇薇关系很好，她们在工作上互相帮
助，在受到委屈的时候抱团取暖。娜娜很爱学习，经常请教薇
薇一些问题，薇薇天生乐观热情，乐于助人，所以对娜娜提出
的问题一向来者不拒，有求必应。在相互关照中，娜娜和薇薇
都取得了很大的进步，还得到了上司的公开表扬！

有一天，娜娜因为工作上出现失误，被上司狠狠地批评
了，她很沮丧，时而怀疑自己不适合这份工作，时而认为自己
应该马上辞职走人，时而还会抱怨上司吹毛求疵。对于娜娜的

表现，薇薇几次三番劝说娜娜，要反省自身的错误，积极地改正错误，避免下次再犯。但是，娜娜对薇薇的话充耳不闻，她沉浸在自己的抱怨中。自从这件事情之后，娜娜改变了此前积极求上进的模样，变得爱发牢骚，怨声载道。她不是抱怨公司平台不好，就是抱怨上司不懂得体恤下属，或者抱怨同事之间没有温度，还抱怨自己当初没有考上好大学，所以现在只能屈居于此。听娜娜抱怨得多了，薇薇的心情也受到了影响。有一天，娜娜说起想要辞职的打算，薇薇整个下午都无法静下心来认真专注地工作，导致也犯了错误。在被领导批评的那一刻，薇薇意识到一个真相，她暗暗想道：如果我不能当即辞职另谋高就，我就应该脚踏实地做好该做的事情，而不要这山望着那山高！打定了主意的薇薇疏远了娜娜，尤其是在娜娜抱怨的时候，她总是躲得远远的，不给自己机会听到娜娜的抱怨。一个多月后，爱抱怨的娜娜辞职了，而薇薇则因为勤奋苦干，顺利度过了试用期，成为公司的正式员工。

娜娜和薇薇在同一家公司工作，娜娜怨言满腹，而薇薇对待工作勤奋努力。幸好薇薇及时觉察到了娜娜给自己带来的负面影响，选择远离娜娜。这样的举措是非常明智的，不久之后，没有了娜娜在耳边念叨，薇薇能够全力以赴地投入工作，很快就取得了成就。

　　从心理学的角度来说，抱怨是典型的负面情绪，是极具危害性的。抱怨的传染性很强，面对一个爱抱怨的人，如果总是听到对方抱怨，我们就会在不知不觉间受到影响，也会情不自禁地抱怨起来。所以，当发现身边有人爱抱怨时，我们一定要第一时间远离，保持理性的思考能力，辨识对方的抱怨是有道理的，还是无理取闹的。人在职场，遇到情绪黑洞，一定要坚持做到以下几个方面，才能更好地成长。

　　首先，设立情绪界限和心理界限。这意味着我们与同事之间的相处必须把握好分寸，既亲近同事，又要与同事保持距离。具体来说，不要把自己所有的情绪都暴露给同事，也不要对同事和盘托出自己的事情。尤其是在沟通中，我们要做到谨言慎行，不说充满负能量的话，也要做到远离那些负能量的人，避免受到他人的消极影响。

　　其次，在这个世界上，没有人是真正的拯救者，每个人只能靠自救。面对他人的情绪黑洞，有些人既同情他人的经历，也总是试图安抚他人的情绪，还尝试着想出办法帮助他人解决难题。通常情况下，这种人很容易受到他人负面情绪的影响，也有可能被黑洞吞噬。他们具有强烈的责任感，而且很容易与他人共情，对他人的各种遭遇感同身受。这使得他们在潜意识的驱使下扮演起拯救者的角色，想要拯救他人。其实，大多数人之所以抱怨，并非是为了解决问题，而只是想找到一个倾听者，方便自己诉苦而已。认清楚这一点，我们就不会再自视为拯救者，试图拯救他人了。

最后，保持清醒和理智。抱怨就像重感冒，具有极强的传染性。当身边有人抱怨时，我们要第一时间进行自我认知调整，否则就会受到抱怨者消极思维的影响，对很多事情也怀着悲观的态度。为了摆脱负面情绪和消极想法，我们可以回想曾经让我们感到快乐的事情，这有助于我们第一时间摆脱消极情绪。此外，我们还可以换一个角度看待问题，说不定原本的弊端就会变成优势。

总之，抱怨从来不能切实有效地解决问题，反而会因为贻误了解决问题的最好时机，导致问题变得复杂和难以掌控。与其白白浪费宝贵的时间抱怨，不如争分夺秒地想办法解决问题，这才是根本之道。

不被他人控制

前文中，我们介绍了职场中的得寸进尺者，他们运用"登门槛效应"，循序渐进地提出要求，使我们渐渐地放松警惕，最终进入他们设计的圈套之中。为了避免成为得寸进尺者的免费劳动力，我们一定要深入了解"登门槛效应"，这样才能在对方露出端倪的时候及时觉察，采取有效的措施在第一时间保护自己。除了"登门槛效应"，职场上还有一种类型的界限破坏行为，即吹毛求疵。顾名思义，吹毛求疵就是鸡蛋里挑骨头，故意找茬。和这样的人相处，我们会承受巨大的心理压力，随时都要做好被他人挑剔缺点和不足的准备，也随时都要打起十二分的精神，避免在细节上出现纰漏。有的时候，为了取悦与迎合吹毛求疵者，我们费尽心机，挖空心思，让自己表现得更好。糟糕的是，那些吹毛求疵者压根无视我们的努力，他们唯一擅长做的就是对我们冷嘲热讽，用苛刻的语气挑剔我们的错误，长此以往，我们就会失去正确的自我评价，陷入沮丧、绝望等消极情绪中无法挣脱。

作为一家建筑公司的工程师，老刘经常需要与客户进行沟通和协商，反复修改设计稿，既满足客户对建筑物的要求，又无须放弃自己对建筑美的理解和展现。有的时候，遇到吹毛求疵的客户，老刘服务的时间要长达几个月，甚至几年。随着资历越来越深，老刘成为设计部的主管，很少亲自负责设计方案了。不过，他教出很多优秀的徒弟，有了这些学生作为左膀右臂，他的工作很顺利，也很圆满。

这一天，徒弟小陈交了一份设计稿给老刘。看到设计稿的第一眼，老刘就发现了一个大问题，这个问题是小陈不该犯的，所以，老刘大发雷霆，狠狠训斥了小陈。小陈委屈地为自己辩解道："师父，我也知道这里这么设计很不合理，也不美观，但是不管我怎么和客户沟通，客户就是坚持让我设计成这个样子，否则他就不愿意签订正式合同。"听了小陈的话，老刘陷入了沉思。他对小陈说："小陈，我们做的是建筑设计，建筑是供给人生活、工作的，所以第一点就是必须保证安全。你很清楚，这里这么设计会导致安全性能降低，产生极大的安全隐患。我们的确是为客户服务的，但是我们不能只为客户服务。毕竟，客户都是门外汉，他们评价图纸的标准只有是否好看，而看不到这张图纸有什么其他的优点。既然如此，我们就要承担起客户引导者的角色，动之以情、晓之以理说服客户尊重科学，遵循建筑的美与力量进行构思和创造。"

老刘的一番话让小陈茅塞顿开，小陈说道："师父，我明白你的意思了。我们既要服务于客户，又要当客户的顾问，不能凡事都听客户的，否则可能因此而闯祸。"老刘欣慰地点点头。

在这个事例中，小陈一味地追求客户满意，而忽略了自己作为专业人士必须保证建筑的安全。师父说得很对，任何建筑都要以设计师的设计为准，再结合客户的构思，尽量达到两全其美。如果实在是鱼与熊掌不可兼得，那么要以安全性为重，区分好轻重缓急。

通常情况下，完美主义者的内心深处都是自卑的，所以他们才会用挑剔苛刻的表现掩饰自己的内心。例如，有些孩子从小就被父母、老师严格要求，渐渐地，他们不管做什么事情都力求最好，也会用追求完美的要求约束他人。在职场上，面对那些控制欲强、追求完美的人，我们要与他们保持情感距离，这样才能保证不被他们的挑剔与苛责伤害。此外，最好坚持当面沟通，很多问题都可以在沟通中找到解决办法，所以最好当面解释清楚，尽早解决。最后，还要坚持做自己。每个人都是世界上不可取代的个体，我们没有必要盲目地羡慕他人，更不应该把他人的目标作为自己努力奋斗的标准。正确的做法是追求属于自己的成功，打造属于自己的精彩未来。从现在开始，我们要拒绝他人的控制，独立地做自己！

第七章
明确进退界限

◀──────────────────────▶

　　进与退，都是人生常态。然而，大多数人都喜欢进，不喜欢退，这是因为他们认为退代表着退步，而进则代表着前进。其实，进与退的含义并非是固定的，而会随着具体情况的发展和变化不停地改变。在进退之间，我们也需要设立界限，才能保证进退有度。

坚持努力，才会不同

人生就像在爬山，爬过了一座山，抬头看去，会发现眼前还耸立着一座更高更大的山。从山脚下到半山腰，再到山顶，处于山上不同的位置，我们看到的风景是完全不同的。在山脚下，我们看到漫山遍野的鲜花，看到湿润地带的茂密植被；爬到山顶，我们会感受到气温降低带来的寒冷，也有"会当凌绝顶，一览众山小"的豪情万丈。总之，在人生的不同阶段，置身于不同的高度，我们的眼界也会越来越开阔。

生活中，有些人选择"躺平"，不愿意继续努力奋斗，有些人却始终在拼尽全力地向前，只为了看到更远处的风景。如果可以选择安逸，为何有那么多人都要坚持努力呢？就是因为他们有热爱、有目标、有梦想。他们热爱生命，热爱各种美好的事物，也梦想着有朝一日过上理想的生活。要想把梦想变成现实，他们就必须每天都坚持努力，每天进步一点点。也许每天的进步都很微小，但是只要坚持下去，持之以恒，努力就会产生"复利效应"，最终给我们更大的惊喜。有些人在努力之后没有得到想要的结果，感到非常失望，还会动摇努力的信心。其实，努力了未必有结果，但是不努力就注定没有结果，所以，努力是我们唯一的选择。

现在，亚宁已经是公司里可以独当一面的老员工了。在一年的时间里，她三次升职加薪。为了感谢同事们一直以来的支持与帮助，亚宁决定把第三次升职加薪的奖金全都拿出来请客吃饭。在饭店里，她和平日里交好的同事们推杯换盏，喝得尽情尽兴。同事们都很羡慕亚宁运气好，入职短短的时间内就胜任公司中层管理者，将来一定前途不可限量。不想，酒过三巡的亚宁却哭了起来，她说："你们都说我幸运，却没看到我的努力。刚毕业的时候，我每天都干着打杂的活儿，还常常被批评训斥。当时，我无数次想要离开，现在想来我幸亏没有离开，否则哪里还有今天呢！"

亚宁的话引起了同事们的深思。大家知道亚宁这次升职加薪完全是惊喜，而非计划内的。原来，亚宁陪着上司去国外的一家公司参观，因为翻译突然生病，无法赶来工作，无奈之下，亚宁看着急得焦头烂额的上司，只好自告奋勇充当临时翻译。原本，上司对于亚宁的英语水平存疑，却没想到亚宁说着一口流利的英语，又因为对公司业务很熟悉，所以很快就拿下了与国外公司的合作项目。外方负责人特别信任亚宁，还点名要让亚宁负责这个项目。就这样，其他人需要五到十年的奋斗才能做到中层管理者，亚宁只用了一趟出差的时间就实现了职场上的飞跃。不过，亚宁的成就都不是凭空得来的，无数个寒来暑往，她都坚持早起读英语，这份毅力是绝大多数人都没有的。想到这里，同事们都感慨地说："亚宁姐，您这次晋升，我们都服气！"

"越努力，越幸运。"这句话在亚宁身上得到了很好的验证。对于亚宁而言，她从未放任自己享受安逸的生活，而是一直坚持不懈地努力，最终才能成功地改变命运。现代社会中，很多人都感到迷惘，他们有无数美好的设想，却只停留在空想阶段，迟迟不愿意展开行动。他们或者是被预想中的困难吓住了，或者是怀疑自身的能力不足，总之，他们无限地拖延下去，让梦想变得毫无意义。事实告诉我们，很多时候，事情并没有我们想象中那么糟糕，随着事态不断向前发展，原本预想的困难也许会消失，也许会成为我们千载难逢的契机。与一百次空想相比，脚踏实地地去做才是最重要的。

在这个世界上，一草一木都需要经过成长的阶段，才能绚烂地绽放；一颗小小的种子必须经过漫长的成长，才能成为参天大树。在短时间内，努力看似没有成效，但是只要坚持下去，永不放弃，努力终究会成为最绚烂的花朵，绽放出最美丽的色彩。

热爱生活，不轻易妥协

说起生活，每个人的心中都百感交集，有人欢喜，有人悲伤，有人满足，有人失落。的确，生活总是以不同的面貌展现在不同的人面前，所以每个人对于生活都有自己的理解和感悟，都有自己的幻想和憧憬。不论我们与生活的较量是怎样的，都要始终怀着一颗热爱生活的心，不要轻易地向生活妥协。

有些人从小衣食无忧，顺遂如意，所以一旦离开父母的身边，失去家的庇护，独自生存，就会感到无奈且悲伤。尤其是在发生不如意的事情时，他们更是想要逃离，回到自己从小长大的安乐窝里。然而，人生是不可能回头的，而是必须一路向前。

在顺境中，我们很难深刻地看清生活的本质。从这个意义上来说，对待生活不必太过匆匆，何不就这样云淡风轻、气定神闲。因为生活终究会给每个人展示自我的机会，让每个人都亮出自己的真本事。

半年时间里，这已经是小美第六次搬家了，平均一个月搬家一次，这个频率的确很让人崩溃。哪怕作为单身未婚的女性，并没有那么多行李和生活用品，搬家也足以让小美这样的弱女子忧心忡忡。然而，正在搬家的小美看起来很开心，她拎着沉重的箱子，眯缝着眼睛看着天上的太阳，又用手拍拍酸痛的后背，说道："真好，我每一次搬家都能找到更好的房子，提升居住的品质，这才是我搬家的意义。希望有朝一日我能搬进属于自己的房子里，那就是我的家！"

很多在大城市漂泊的人都有过搬家的经历，迄今为止搬家时的狼狈和劳累依然历历在目。然而，对于故事中的小美而言，她没有把搬家当成是毫无意义的折腾，而是把搬家作为改善居住条件的契机，所以她会精心地挑选比上一个住处更好的环境。即便始终在漂泊，她也心怀希望，心怀感恩。

埃隆·马斯克是特斯拉汽车、SpaceX 和 PayPal 的创始人，也是一位充满传奇色彩的冒险家，更是被人们誉为现实版的钢铁侠。那么，埃隆·马斯克为何能够得到人们这么高的褒奖呢？是因为他的成长经历和成功经历。早在十岁，同龄人还在无忧无虑地玩耍时，埃隆·马斯克已经开始学习编程了。两年之后，埃隆·马斯克亲自开发与设计的太空游戏软件开始公开发售。埃隆·马斯克不仅喜欢编程和电脑，在学习方面也独具天赋。他既是物理学硕士，也是经济学硕士。对于大多数人花费很多时间和精力才能考取的博士文凭，他却只过了两天时间，就放弃学业，决定从斯坦福大学博士肄业了。

他打造的 PayPal 是世界上颇具规模的支付平台，特斯拉汽车，受到了很多人的喜爱。他还创建了私人公司 SpaceX，也许很多人都没有听说过这家公司，这是因为该公司是发射火箭的。仅从这三家公司来看，埃隆·马斯克的创业领域涉及面很广泛，甚至超出了人们的想象。埃隆·马斯克在这三个领域中都取得了很了不起的成就，这离不开他的勤奋和努力，也受益于他对生命的满腔热爱。

在整个地球上，所有的生命体都要遵循物竞天择、适者生存的定律。和自然界的食物链相比，社会生活的真相是更为残酷的。如果被他人伤害，不要悲伤，不要哭泣，要变得勇敢，让自己有更多的资本可以立足于世界。

正如人们所说的，生活不只有当下的苟且，还要有诗和远方。每年高考季，总有很多寒门学子考上高等学府，这是他们与命运抗争的结果。做人，一定要有远见，向着自己制定的远大目标，一步一个脚印扎实前行，哪怕前进的道路上长满荆棘，哪怕脚下都是泥泞与坎坷，我们也要不忘初心，抵达终点！

不忘初心，方得始终

日本著名作家村上春树是一个坚持做自己的人，他认为无论全世界的人怎么说，每个人都应该坚持自己的感受，无论全世界的人怎么看，每个人也都应该坚持自己的节奏。的确如此，一个人没有权利对另一个人的人生指手画脚，全力以赴过好属于自己的人生，是每个人最需要做的。在努力生活的过程中，还要目标明确，不要因为他人的只言片语就轻易改变方向。

人是社会的成员，每个人都生存在人群中，必然会被他人评价。面对他人的评价，如果不能笃定内心，总是人云亦云，那么必然会迷失自己。显然，他人的愿望不是我们的，他人的人生也无须我们去模仿。坚定不移地做好自己，才是最大的成功，在喧嚣吵闹的鼎沸人声中，保持自己的本心，是难能可贵的。

小昭 36 岁了，她没有高学历，没有好工作，也没有男朋友，甚至与家人之间的关系也很冷漠疏离。在一段时间里，她怨天尤人，认为自己压根不应该出现在这个世界上。她把自己封闭起来，每天都疯狂地画画，因为画画是她仅剩的爱好了。如果不是因为人体需要汲取营养物质，她甚至没有吃饭的欲望。她常常在独处的时候撕心裂肺地哭泣，她已经厌倦了这个世界，感觉自己的内心空荡荡的，就像是一盆落满了灰尘的塑料假花，了无生机。偶尔在社交平台发布消息，她也不是在抱怨，就是在哭诉，仅仅是看那些文字，就能感受到她内心的绝望和无助。

折腾了一段时间之后，小昭终于累了，她没有力气继续抱怨，也没有力气画画。她终于开始认真吃饭，做一些力所能及的事情。她坚持晨跑，在空旷的道路上一边呼吸新鲜空气，一边放空自己的内心。她报名学习插花，虽然只有业余水平，但是也足以插出一盆错落有致的鲜花。她还尝试着学习了一门外语，虽然很难，但是她一直在坚持。一段时间之后，她惊讶地发现自己有了变化，她不再心怀不满，不再总是抱怨，而是开始热情地对待生命，真心地拥抱世界。她终于意识到，原来不是世界出了问题，而是她的内心出了问题。她驱散了心头的阴霾，再一次看到了蓝天，看到了绚烂的太阳。

在这个事例中，小昭之所以迷惘，是因为她忘却了初心，所以不知道自己在人生的道路上应该去往何方。人都会有这样的时刻，只是不同的人迷惘持续的时间不同。幸运的是，小昭最终走出了人生中至暗的时刻，重新燃起对生活的热情。

作家谢丽尔·斯特雷德根据自己的亲身经历，创作了《走出荒野》。二十二岁时，她失去了最爱的妈妈，她屈服于欲望的诱惑，放纵自己，放纵人生。在此后长达四年多的时间里，她不但拒绝学习，还背弃了婚姻与爱情。她知道自己已经迷失了，却从来不想找回自己。后来，她机缘巧合地参加了太平洋屋脊步道旅程。原本，她已经决定自甘堕落下去，也并没有寄希望于这次旅程能够改变自己，但是惊人的改变却不期而至。在跋山涉水，数次与死神擦肩而过的过程中，她从痛苦中挣脱出来，终于看清了自己。这次旅程彻底改变了她的命运，也催生了《走出荒野》这本书。

人生就像是一场旅程，但并非是一场精心设计的旅程，而带有很强的随机性。在旅行的过程中，我们有可能遭遇风雨，有可能踩踏泥泞，有可能没入荆棘。然而，我们没有回头路可走，只能风一程雨一程地努力前行，使自己变得更加勇敢，更加从容。

人人都渴望获得成功，但成功却求之而不得。这是因为成功常常在拐弯处等着我们，如果我们在拐弯之前就选择了放弃，那自然不会得到成功的青睐。所以，越是在艰难的时刻，我们越是要坚定信心，相信生活一定会出现转机。正如一首歌所唱的，不经历风雨怎能见彩虹，没有人能随随便便成功。我们要成为高尔基笔下的海燕，越是狂风暴雨肆虐，越是要展翅高飞。

自由的代价

现代社会中，生存压力越来越大，很多人对人生都有幻想，有人幻想成为大富豪，从此之后不再为钱发愁；有人幻想当大官，有权有势有人求，不管走到哪里都吃香的喝辣的；有人希望自己拥有好身体，家人都平安喜乐，认为只要一家人在一起相互守护就是好时节……这些幻想都表现出人们对于人生的美好憧憬与渴望。然而，顶级的人生目标不是拥有金钱权势和健康，而是拥有自由。

拥有自由的人可以自主地做出选择，在不想上班的时候来一场说走就走的旅行；在旅行疲惫之后可以回到温暖的家里；还可以实现人生价值，去职场中打拼。难怪有人说："生命诚可贵，爱情价更高；若为自由故，两者皆可抛。"从某种意义上来说，拥有了自由，就拥有了选择权，就拥有了自己想要的人生。

小伟和大伟是一对双胞胎兄弟。十八岁那年，小伟考上了大学，大伟却因为一直以来都不喜欢读书，选择辍学打工。转眼之间，暑假结束了，小伟和大伟都收拾好行囊准备出发，临别之际，小伟对大伟说："哥，虽然不上学了，但是也要坚持读书，读书才能长见识！"大伟对小伟说："弟，以后我就开始赚钱了，你放心，如果爸妈给你的生活费太少，哥就贴补你。"听到哥哥这句话，小伟红了眼眶，他不只是被哥哥的话感动了，而是想到了哥哥的人生与自己的人生从此就走上不同的道路。

在大学里，小伟刻苦学习，每天都过得很充实。后来，因为学习成绩优异，表现很好，小伟还被保送上了研究生，毕业后就能留校任教。在此期间，大伟一直在打工，四处奔波。小伟刚刚毕业时，薪水和大伟差不多，大伟说："弟啊，你看，你多上了七年书，也就挣得和我一样多。"小伟笑了笑，拍拍哥哥的肩膀，说："哥，你辛苦了。"又是十几年过去，小伟已经被评为了副教授，事业发展得如火如荼，薪水也早就翻了好几番。大伟却因为年老力衰，再也干不动力气活，所以只能回家守着一亩三分地勉强维持生活了。

出生在同一个家庭的双胞胎兄弟，命运竟然如此不同，原因就在于对自由的理解。小伟很清楚，唯有读书，用知识改变命运，自己才能过上不同以往的生活。而大伟因为厌倦学习，迫不及待地辍学，投入看似自由的生活中，还以自己早早就能赚钱沾沾自喜。最终，时间给出了最好的答案，努力的小伟享受了更多的自由，拥有了更大的选择空间，而大伟青春已逝，只能回到家里以种地为生。在这个时候，小伟的人生画卷才刚刚铺开，大伟的人生画卷却即将落幕。他们为了获得自由做出了不同的选择，付出了不同的努力，最终也必然要承担不同的后果。

尽管人们常说命运是公平的，但其实命运也是不公平的。有的人出生在贫寒的家庭，穷尽一生努力也只能改变命运，而有的人出生时就含着金汤匙，以其他人走到生命尽头都未必能够到达的顶峰作为人生的起点。面对这样的不公，不管自身的家境如何，除了努力拼搏，我们别无选择。

如今，很多年轻人用"躺平"超前透支人生的自由，这是因为他们不理解自由的含义。真正的自由不是靠着慵懒懈怠就能实现的，而是要通过不懈努力和坚持勤奋才能获得。心理学领域的"一万小时定律"告诉我们，一个人即使在某个领域中没有天赋，但只要能够坚持努力一万小时，就会有所收获。所以我们要先学会自律，才能自由。

每个人都要学会对自己"狠"一点，未来才会过得更好。如果学习片刻就觉得脑袋疼，选择去梦里与周公相会，那么就不可能靠学习改变命运；如果才跑了几百米就以浑身酸痛为由放弃跑步，那么就不可能恢复健康苗条的身材。很多时候，限制我们的并非是外部世界，而是我们的内心。当我们勇敢地战胜自己，开启自律的生活时，我们就会掀开人生的新篇章，进入完全不同的人生境遇。对所有人来说，人生都是一场艰苦卓绝的斗争，既然如此，就要彻底摆脱"躺平"心态，给自己一个真正的交代。

越努力，越幸运

《孟子》记载："自反而缩，虽千万人吾往矣。"这句话告诉我们，每个人都要反躬自问，只要坚信自己掌握着正义和真理，就可以勇敢地与千军万马对峙和抗衡。短短的一句话，充分表现出孟子的慷慨气度和正义非凡。也有人曾经说过："真正的强者不是屡战屡胜，而是屡败屡战。"这是因为他们无所畏惧，坚信自己所做的一切都是符合道义的。王阳明一生坦荡，即使面对死亡，也能说出"此心光明，亦复何言！"的话，这足以证明他是真正的强者，是不可战胜的。

海明威的作品《老人与海》至今流传于世，得到很多读者朋友的认可与喜爱。这是因为他所塑造的桑迪亚哥老人尽管年纪老迈，生活穷困，但却是真正的强者，永远不屈服于命运。在费尽千辛万苦才捕获的鱼被鲨鱼轮番撕咬，只剩下一副硕大的骨架之后，桑迪亚哥老人也没有放弃，他相信自己只可能被打倒，不可能被打败。因此，他带着这副大鱼骨架回到了岸边，作为他传奇经历的见证。

人，最重要的是精气神。哪怕身处逆境，只要精神不倒，人就不会被打垮。反之，哪怕只是遭到了小小的困境，如果先从精神上倒下来，那就会一败涂地，溃不成军。

默默是个沉默寡言的女孩，也许是因为从小家境贫困，总是穿着哥哥姐姐剩下的旧衣服，就连书本也是破烂不堪的，所以她特别自卑。读完高中，父母没有钱继续供养默默了，默默便跟着同村的几个女孩去了城市打工。她们进入了电子厂，每天都在流水线上工作十几小时，感觉自己都变成了一个没有生命，只会机械操作的螺丝。在这样的高强度劳动下，几个同村的女孩一旦下工，就离开工厂四处吃喝玩乐。与她们不同，默默总是留在宿舍学习。她借了高三课本，想要在积攒一些学费之后再次参加高考，圆自己的大学梦，即便不能参加高考，也可以考个函授本科，也算是提升了文凭。

看到默默这么用功，其他几个女孩都嗤之以鼻。有个女孩索性对默默说："默默，女孩子家家的这么拼干什么啊，和我们一起出去玩吧，说不定还能钓到个金龟婿，那样可就一辈子衣食无忧了。"也有女孩鄙夷地打击默默："默默，人家专门复读高三的都未必能考上大学，更何况是你呢？"尽管大家都冷嘲热讽，但是默默从未改变想法。默默一边打工，一边学习，三年之后，果然考上了函授本科。取得了本科文凭后，她就被调到办公室里当了文员。昔日的小姐妹们看到默默居然坐在办公室里喝茶看报，不用再和她们一样在流水线上工作了，都羡慕不已。

不过，默默并没有停下脚步。她得知厂子里时而会与外商洽谈合作事宜，因而学起了英语。经过两年多的学习，她终于得到机会接洽外商，得到了外商的称赞。后来，默默专门负责与外商洽谈，成了厂子里出了名的翻译。几年之后，默默与一个很优秀的高管相恋结婚，而那些和她一起离开家乡打工的女孩们，早就回家嫁人了。

很多盲目迷信命运的人，总是把"人的命，天注定"挂在嘴边。他们哪里知道，人的命运掌握在自己手里，只要自己努力拼搏，就一定能距离自己想要的人生越来越近。反之，如果对于命运逆来顺受，既不想方设法地改变命运，也不全力以赴地提升自己，那么即使机会来到眼前，也只能看着机会悄悄溜走。

机会总是留给有准备的人，我们要时刻准备着，在平日里就坚持学习和成长，切勿等到机会到来时再临时抱佛脚。相信我们只要持之以恒，不遗余力，就会实现自己的梦想！

在努力的过程中，还要笃定内心，坚持做自己认为正确的事情，不要因为听到他人的非议，就马上改变自己的想法和计划。要知道，每个人都是自己命运的掌舵手，怎么能把自己的命运交付到他人的手中呢？从此刻开始，我们应该静下心来想一想自己想要的人生，亲自创造自己的人生！

越努力，越幸运，这句话应该成为我们的成长界限，督促我们在人生的道路上乘风破浪，披荆斩棘，勇往直前！

参考文献

[1] 韩修会 . 界限心理学 [M]. 北京：中国法制出版社，2022.

[2] 景天 . 生活需要界限感 [M]. 北京：人民交通出版社，2020.

[3] 晓雅 . 界限：刚刚好的关系智慧 [M]. 北京：北京时代华文书局，2021.

[4] 查尔斯 . 人际界限：在爱护他人与自尊自爱间找平衡 [M]. 李丹旻，译 . 北京：中国友谊出版公司，2022.